Paul Celan /
unter judaisierten Deutschen

Paul Celan /
unter judaisierten Deutschen
by Jean Bollack

장 볼락

파울 첼란 /
유대화된 독일인들 사이에서

윤정민 옮김

E

일러두기

- 이 책은 2005년 독일 지멘스 학술재단(Carl Friedrich von Siemens Stiftung)이 출간한 주제들(THEMEN) 시리즈 중 83번째(Band 83)로 펴낸 장 볼락(Jean Bollack)의『파울 첼란 / 유대화된 독일인들 사이에서 (Paul Celan unter judaisierten Deutschen)』를 한국어로 옮긴 것이다.

- 원문의 주석은 각주로 처리했으며, 설명의 성격을 갖는 옮긴이 주석은 분량이 많아 각 장의 미주로 처리하였다.

- 원문에서 이탤릭체로 강조된 부분은 굵은 글씨로 대체했으며, 몇 가지 주요 개념은 ' '로 강조했다. 또한 설명이 필요한 부분은 [ ] 처리를 하였다. 원문 중에서도 괄호가 겹치는 경우 부득이 [ ]를 썼다.

- 외국의 인명, 지명, 작품명은 국립국어원의 외래어표기법을 따랐으나, 몇몇 인명의 경우 관례에 따라 표기한 경우도 있다.

Ex Captivitate Salus
감옥 같은 세상을 살아내는 지혜

　창세기의 바벨에서 플라톤의 동굴로, 플라톤의 동굴에서 기독교의 지옥으로, 기독교의 지옥에서 베이컨의 우상으로, 베이컨의 우상에서 마침내 주커버그의 페이스북에 이르기까지, 우리가 물려받은 세상은 잔혹한 무지에서 비롯된 집요한 어둠으로 점철되어 있다. 그러나 히브리 성서를 그리스어로 옮긴 이름 없는 70인의 현자들이 개시한 번역의 역사는 저 가공할 어둠의 권세에 줄기차게 저항해 왔으며, 지금도 이 역사는 면면히 이어지고 있다. 멀고도 느닷없는 시간들 사이에서, 드세고 부질없는 언어들 사이에서, 번역과 번역가들은 모두를 위해 절실한 지혜의 가교를 놓는 일에 몰두하고 헌신한다. 그리하여 번역은 지혜의 모판이 되고, 지혜는 다시 번역(가)의 양식이 된다. '주제들(THEMEN)' 시리즈는 다양하고 웅숭깊은 지혜의 번역을 통해 화려한 첨단의 동굴, 한층 높아진 21세기의 바벨에 갇혀 두목답답한 모든 독자들의 충직한 청지기가 되고자 한다.

차례

저녁의 초대―강연을 열며

Einführung in den Abend

저녁의 초대—강연을 열며

라이너 바르닝(Rainer Warning)[1]

존경하는 신사숙녀 여러분,

바이에른 학술원과 지멘스 학술재단이 공동 주최하는 이번 행사에 오신 여러분을 환영할 수 있게 되어 크나큰 영광과 기쁨입니다. 하이젠베르크 기념강연이 어느새 74회를 맞게 되었는데, 이번 강연을 위해 파리에서 와주신 장 볼락(Jean Bollack) 교수를 진심으로 환영합니다. 우리는 아주 특별한 연사를 모셨습니다. 볼락 교수는 서로 거리가 멀어 보이는 두 분야—고전문학과 현대문학—에 두루 정통하시며, 현대 문학에서는 가장 권위 있는 파울 첼란(Paul Celan) 연구자 가운데 한 사람이기도 합니다.

우선 약력부터 소개해 드리자면, 볼락 교수는 1923년 프랑스 북동부 알자스 주(州) 스트라스부르에서 태어났습니다. 알자스 유대인 집안에서 태어나 독일어와 프랑스어를 같이 쓰는 환경에서 성장했습니다. 1930년대는 스위스 바젤에서 보냈습니다. 김나지움 시절이 여기에 포함됩니다. 종전 후에는 파리에서 고전 문헌학을 공부했습니다. 그리고 그곳에서 그는 쓴디(Peter Szondi)[2], 숄렘(Gershom Scholem)[3]과 부르디외(Pierre Bourdieu)[4]와 더불어 파울 첼란의 지인 가운데 한 사람이었습니다. 첼란은 1947년 루마니아의 부쿠레슈티에서 비엔나로 피난했다가, 독문학과 언어학을 공부하고 시 작품을 계속 쓰기 위해 1948년 파리로 가게 되었습니다.

볼락 교수는 릴(Lille) 대학에 '문헌학과 해석학 연구소'를 세웠고, 파리 인문학 연구재단 안에 '해석의 역사(Geschichte der Interpretation) 연구소'를 설립했습니다. 여기서 볼락 교수가 관심을 두고 연구하는 분야가 이미 조감됩니다. 그것은 고전 문헌학과 해석학으로, 그 중 해석학은 텍스트 해석, 무엇보다 첼란 작품 해석의 이론적 바탕이 됩니다. 볼락 교수가 이 분야들에 걸쳐 출간한 연구의 양은 실로 방대하므로 여기서는 주요 저작만 언급하려 합니다. 우선 고대와 관련하여 헤라클레이토스와 에피쿠로스를 집중적으로 다룬 책들이 있는가 하면, 해설과 상세한 해석의 역사를 두루 포함한 아이스킬로스의 『아가멤논』(총 3권)과 소포클레스의 『오이디푸스 왕』(총 4권)이 있습니다. 이 밖에도 엠페도클레스 연구(총 3권)를 비롯하여 수많은 논문과 번역이 있습니다. 해석학과 관련해서는 기초 연구서 『의미 대 의미—해석은 어떻게 하는 것일까?(Sens contre sens— Comment lit-on?)』가 있으며, 문예지 『끄리티끄(Critique)』에서 펴낸 볼락 교수 특집 『장 볼락의 문학작품 읽기(L'Art de lire de Jean Bollack)』가 참고할 만합니다.

볼락 교수는 문학을 어떻게 읽고 해석할까요? 그는 어떤 해석학적 전제에서 출발하는 것일까요? 이 물음이 지닌 문제의식이 그의 수많은 첼란 해설에서만큼 뚜렷하게 드러나는 곳은 또 없을 것입니다. 그의 첼란 연구는 1972년 쏜디가 펴낸 『첼란 연구(Celan-Studien)』의 서문부터 시작하여 포괄적인 해설서인 『글(짓기), 첼란의 시에 담긴 시론(L'Ecrit, Une poétique dans la poésie de Celan)』(1999)에서 일단 정점에 달했습니다. 독일어 번역은 『파울 첼란. 낯설음의 시론(Paul Celan. Poetik der Fremdheit)』(2000)이라는 제목으로 출간되었습니다. 볼락 교수는 이른바 비의적(秘意的/hermetisch)이라고 불리는 현대시에서 쏜디가 제기하는 근본적인 질문을 이어나갑니다. 독자는 어떻게 텍스트의 자율성, 자율적인 텍스트의 현실을 존중하는 동시에 그 텍스트가 다루고 있는 정확한 역사적 사실들도 놓치지 않을 수 있을까요? 그 자체로 이해 가능한 혹은 가능하지 않은 텍스트를 전기(傳記)적 사실들로부터 분리해서 다루어야 한다는 주장을 강령처럼 여기는 사람들이 있는가 하면, 이 두 측면을 같이 놓고 함께 보아야 한다는 견해가 있는데, 바로 이것이 볼락 교수의 확고한 입장입니다. 그리고 이는 이미 쏜디의 관심사이기도 했습니다. 시집 『언어창살(Sprachgitter)』에 실려 있는 시 「스트레토(Engführung)」나 시집 『눈(雪)파트(Schneepart)』의 시구 "너는 무성한 귀 기울임 속에 누워 있네, / 덤불에 에워싸여 눈송이에 에워싸여(Du liegst im großen Gelausche, / umbuscht umflockt)"에서 이 두 측면, 즉 자율적인 텍스트의 현실과 나치 수용소의 현실, 혹은 로자 룩셈부르크(Rosa Luxemburg)[5]가 살해된 역사적 현실이 어떻게 동등하게 재현되어 있는 것일까요? 볼락 교수가 이 질문을 어떻게 수용하고, 어떤 해답을 내놓는지가 이번 강연의 주제가 될 것입니다. 이에 앞서 세 가지 논점을 먼저 간략하게 소개해 드리고자 합니다. 강연을 따라가는 데 좌표로서 도움이 될 것입니다.

첫째, 이러한 문제제기 자체가 비의적인 시 문학을 다루는 일반적인 방식과 결별하는 것과 다름없습니다. 볼락 교수에 의하면 시 문학이 갖는 이른바 비의성은 이해될 수 있으며, 또한 이해해야만 합니다. 한편으로는 복합적인 언어적 연관 속에서 이해해야 하고, 다른 한편으로는 언어라는 매체에서 역사적 사실들의 복원(Restitution)이 이루어진다는 측면에서 이해해야 합니다. 볼락 교수에 따르면, 구체적인 역사적 사실, 즉 개인적이면서 가장 사적인 것에 이르는 '특수한 것 (das Partikulare)'이야말로 모종의 일반성에 희생되지 않고, 오히려 언어에 의해 가공되고, 그렇게 가공된 언어 속에 보존됩니다. 역사적 사실들은 기억(Andenken) 혹은 복제(Replik)로 만들어져 보존되는데, 그것이 무엇이든 어떤 보편적인 것으로 환원될 수 없는 방식으로, 어떤 존재사(Seinsgeschichte)나 전통사(Traditionsgeschichte)로 일반화될 수 없는 방식으로 보존되는 것입니다. 여기서 볼락 교수의 해석학이 하이데거 (Martin Heidegger)와 가다머(Hans-Georg Gadamer)의 해석학으로부터 취하는 거리가 드러납니다. 이는 마치 베이스음처럼 볼락 교수의 위대한 첼란 연구서의 근저에 깔려 있는데,

우리는 이 베이스 라인을 곧 듣게 되거나 적어도 느낄 수 있게 될 것입니다.

둘째, 볼락 교수의 첼란 연구를 직접 읽어야만 그 매력을 느낄 수 있겠지만, 그가 첼란의 시 작품들이며 그와 관련한 기존 해설들을 다룰 때 작품을 꿰뚫어 보는 통찰은 놀랍고도 감동적입니다. 대부분이라고까지 말하지 않더라도, 그간의 많은 연구는 볼락 교수의 엄격한 시선 앞에서 허물어집니다. 그가 거의 모든 연구를 다 알고 있는 듯한 인상을 준다는 것은 허황된 말이 아닙니다. 다른 이들의 오류에서, 적어도 자신이 오류라고 여기는 텍스트에서 그는 겉보기에 사소하거나 오인되어온 세부사항들, 즉 '특수한 것들(Partikulares)'을 찾고 발견합니다. '특수한 것'이라는 이 개념은 볼락 교수의 연구를 관통하고 있는데, 그는 특수한 것은 바로 그것이 특수하다는 이유로도 해석에 있어서 결코 빠트려서는 안 된다고 보는 것입니다.

셋째로, 볼락 교수는 이와 같은 해석 방식은 일종의 '3보 걸음'으로 구성된다고 말합니다. 그것은 '노획(虜獲)', '부정(否定)' 그리고 '재창조'의 3박자입니다. '노획'은 많은 경우 알아보기 어렵더라도 꼭 알 필요가 있는 응축된 전기적 사실들을 찾아내는 것을 말합니다. 그것은 특수하며 사적인 것들로서, 그로부터 살해와 말살로 인하여 짐을 짊어지고 있는 언어를 찾아내는 것을 의미합니다. 첼란의 시에서 그러한 언어는 거의 잘 나타나지 않습니다. 본래의 현실지시관계가 남아 있는 특정한 고유명사 같은 경우에서나 나타날 따름입니다. 대개의 경우 현실지시관계는 맥락이 지워지거나 익숙한 어휘소 의미(Lexemantik) 또는 단어 형태(Wortkörper)가 파괴됨으로써 이미 부정되어 있습니다. 그런데 이와 같은 부정이 이루어지면서 관습적인 언어는 우리가 시에서 보게 되는 모습으로 재창조되기 위해 이미 첫 걸음을 내딛게 됩니다. 볼락 교수의 표현을 빌리자면, 언어는 헐벗겨지고 방향을 전환하게 됩니다. 그런 다음 우리가 시에서 마주하게 되는 것은 신조어라기보다는 기존의 의미값과 새로운 의미값이 서로 겹쳐지는 복합어이거나, 단어가 제시되는 방식에 의하여 생기는 재조합이기도 하고, 특정한 소리와 음절이 부각되면서 특정한 음조가 창조되기도 하는가 하면, 함축을 통하여 의미로 가득 차게 되는 어휘소도 있습니다. 볼락 교수가 말하는 바와 같이 그것들은 변주되는 반복(Reprise)을 통하여, 한 편의 시 안에서 또는 한 권의 시집 속에서 혹은 작품 전반에서 이루어지는 반복을 통하여 비로소 이해되는 '대항하는 말들(Gegenworte)'입니다. "나무(Baum)", "손(Hand)", "서다(stehen)", "(실려) 보내다(verbringen)", "흔적(Spur)" 등과 같은 말이 그러한 예입니다. 이렇게 생성되는 것은 새로운 기호체계입니다. 그런데 중요한 것은, 그 기호들은 언제나 투명한 채로 남거나, 해석을 할 때 본래의 끔찍한 지시관계가 드러나게끔 투명하게 만들어져야 한다는 것입니다. 볼락 교수에 따르면 기호들이 무엇과 관련되는지는 거의 언제나 드러납니다. 이렇게 하여 홀로코스트가 갖는 의미는 추념과 애도 그리고 고발을 통해 보존됩니다. 특히 자율적이고 자기성찰적인 언어가 이를 다룰 때에는 그렇게 됩니다. 볼락 교수는 핵심을 다음과 같이 정리합니다: "사용하는 언어의 선험적 검토가 시의 유일한 내용이다." 이 말이 의미하는 것은, 시가 본래의 지시관계의 복원이 이루어질 수 있게 하는 조건을 제시할 수 있는지를 검토하는 것이 시의 유일한 내용이라는 것입니다.

'사용하는 언어'—방금 인용한 볼락 교수의 표현입니다— 이와 같은 표현들은 우연히 나온 게 아니라 신중하게 선택된 것입니다. 볼락 교수에 따르면, 첼란은 자신이 사용하는 언어가 자신의 운명과 깊이 연루되어 있기 때문에, 그 언어[독일어] 속에 살지 않았음에도 그것을 거부할 수 없었던 것입니다. 이 시각 역시 하이데거와 가다머에 대한 거리를 내포하고 있습니다. 첼란이 자신의 '집'으로 여긴 것은 차라리 보들레르(Charles Baudelaire), 랭보(Arthur Rimbaud), 말라르메(Stéphane Mallarmé) 그리고 아폴리네르(Guillaume Apollinaire)의 도시인 파리였습니다. 그런데 첼란은 이들의 전통을 단순히 이어받거나 이어가려고 하지 않았습니다. 이는 그가 동화된 독일 유대인들의 전통을 단순히 이어가려고 하지 않았던 것과 마찬가지입니다. 첼란은 독일어 속에, 릴케(Rainer Maria Rilke)와 호프만스탈(Hugo von Hofmannsthal)의 언어 안에, 유대인의 전통을 위한 장소를, 아포리아를 만들고자 했습니다. 그리고 볼락 교수가 오늘의 강연 내용을 알려주면서 한 말도 바로 이 아포리아를 두고 한 것 같습니다. "첼란은 독일 시인이 아니었습니다. 그는 다른 존재이고자 했습니다. 그는 우리가 흔히 이해하는 의미에서의 유대인 시인도 아니었습니다." 존경하는 볼락 교수님, 첼란은 그렇다면 어떤 존재였는지 매우 궁금합니다.

1 라이너 바르닝(1936-)은 뮌헨 대학에서 로만어 문헌학(Romanische Philologie)과 문예학과 교수로 재직했으며, 2012년부터 현재까지 명예교수로 있다. 연구 분야는 문학이론과 방법론을 비롯해 중세, 르네상스, 계몽주의, 그리고 근대에 이르는 시대별 문학이며, 특히 문학이론과 로만어 문학의 역사가 중심 테마인데 이 분야에 관한 많은 논문이 있다. 저서로는 『사실주의자들의 상상력(Die Phantasie der Realisten)』(1999) 『프루스트 연구(Proust-Studien)』(2000) 『미적 체험 공간으로서의 헤테로토피(Heterotopien als Räume ästhetischer Erfahrung)』(2009) 등이 있다.

2 페터 쏜디(Peter Szondi; 1929-1971)는 헝가리 출신의 문예학자이자 해석학자이다. 아버지인 레오폴드 쏜디(Leopold Szondi)는 1944년 베르겐-벨젠(Bergen-Belsen) 수용소에서 석방된 후 스위스에 정착한 유대인 정신과 의사이자 정신분석학자였다. 쏜디의 주요 연구 분야는 문학사와 비교문학이며, 베를린 자유대학에서 교수직을 역임하면서 독일의 비교문학을 정립하는 데에 크게 기여했다. 그는 나치 시절에 문학연구가 나치 이데올로기를 뒷받침했던 과거를 비판하면서 문학연구를 바로잡기 위하여 기존 문학 연구 방식으로부터 '거리두기'를 통한 재정립을 시도하고자 했다. 대표적인 저서로는 교수자격 취득 논문인 『현대 드라마의 이론(Theorie des modernen Dramas)』(1956)을 비롯한 독일 비애극 관련 연구들이 있는가 하면, 해석학 입문서인 『문학해석학이란 무엇인가(Einführung in die literarische Hermeneutik)』(1975)가 있다. 쏜디는 첼란과 깊은 우정을 나누었을 뿐만 아니라, 첼란 시가 올바르게 이해되도록 많은 노력을 기울였으며, 첼란의 시를 이해하는 배경이 되는 사실 정보들을 매우 중요하게 다루었다. 그의 유명한 『첼란연구(Celan-Studien)』(1972)는 그가 남긴 첼란 시 해석들과 메모들을 하나로 엮은 유고집이다. 첼란이 자살한 지 1년 뒤 쏜디 역시 스스로 목숨을 끊음으로써 완성하지 못한 이 기획을 편집한 이가 바로 이 텍스트의 저자인 장 볼락이다. 여기에는 셰익스피어 소네트 105번에 대한 첼란 고유의 독특한 번역(V, 345), 시 「스

트레토(Engführung)」(I, 195)와 시 「너는 누워 있네(Du liegst)」(II, 334)에 대한 해설이 수록되어 있고, 부록에 시 「그들 안에 흙이 있었고(Es war Erde in ihnen)」(I, 211) 그리고 시 「꽃(Blume)」(I, 164)에 대한 메모들이 소개되어 있다.

3 게르숌 숄렘(Gershom Scholem; 1897-1982)은 유대교 종교사학자로서 유대교 신비주의, 특히 카발라를 연구했으며, 이를 널리 소개하는 데에 이바지하였다. 그의 대표 연구서로는 『유대교 신비주의의 주류(Die jüdische Mystik in ihren Hauptströmungen)』(1941) 그리고 『카발라와 카발라의 상징들(Zur Kabbala und ihrer Symbolik)』(1965) 등이 있다. 첼란이 죽기 몇 달 전인 1969년 10월, 처음이자 마지막으로 예루살렘으로 여행을 떠났을 때 시 낭송회 자리에 함께 했었다.

4 피에르 부르디외(Pierre Bourdieu; 1930-2002)는 저명한 프랑스 사회학자이자 사회철학자이다. 그는 사회학을 '구조와 기능의 차원에서 기술하는 학문'으로 파악하였으며, 특정한 환경에 의해 형성된 성향, 사고, 인지, 판단과 행동체계를 가리키기 위하여 '아비투스(habitus)' 개념을 제창했다. 그는 광범위한 문화현상도 사회학 연구의 대상에 포함시켰으며, 사회와 경제, 문화에 대한 많은 연구 성과를 내놓았다. 대표적인 저서로 『구별짓기(La distinction)』(1979)가 있고, 『호모 아카데미쿠스(Homo academicus)』(1984)를 비롯하여 『텔레비전에 대하여(Sur la télévision)』(1996)와 『남성 지배(La domination masculine)』(1998) 등이 있다.

5 로자 룩셈부르크(Rosa Luxemburg; 1871-1919): 폴란드계 유대인으로 독일의 베를린에서 사회주의 운동에 앞장섰다. 카를 리프크네히트(Karl Liebknecht; 1871-1919)와 함께 고대 로마에서 노예들의 해방운동을 이끌었던 검투사의 이름을 딴 스파르타쿠스단(Spartakusbund)을 결성하고 사회주의 혁명을 추진하고자 했다. 그러나 스파르타쿠스단이 이끈 1919

년의 1월 혁명은 실패로 돌아가고, 룩셈부르크와 리프크네히트는 1월 15일에 체포되어 에덴 호텔(Eden-Hotel)에서 고문을 당한 끝에 살해되었으며, 룩셈부르크의 시신은 국방운하(Landwehrkanal)에 던져졌다. 첼란은 시 「너는 누워있네(Du liegst)」(II, 334)에서 룩셈부르크와 리프크네히트의 살해를 다룬다.(Peter Szondi: *Celan-Studien*, Frankfurt am Mian. 1972, 113쪽 이하. 참조.)

파울 첼란 /

유대화된 독일인들 사이에서

Paul Celan /
unter judaisierten Deutschen

근원으로서의 역사성

Die Geschichtlichkeit als Ursprung

근원으로서의 역사성

첼란은 동화(同化)된 유대인이었을까요?[1] 그는 우선 '독
일' 시인이었습니다.[2] 믿음이 독실한 유대인은 아니었습니
다. 그렇기 때문에 동화의 여러 양태들을 구별해야 이 질문
에 답할 수 있을 것입니다. 민족(성)이나 종교 혹은 문화에 따
른 귀속 외에도 주변성이나 차이가 지배적인 요인으로 작용
하지 않는 다른 길도 열려 있었습니다. 이는 어떤 현대성에
이르게 했는데, 전통에 의해 강요되는 가치들로부터 해방되
고자 함으로써 현대성으로 가는 길이 그것이었습니다. 이러
한 맥락에서 첼란은 반유대주의 운동과 집단말살 수용소가
나타나기 훨씬 이전부터 자율적인 선택에 의하여, 물론 자신

의 출신에도 근거하여, 유대인으로서의 자의식이 있었습니다. 박해받거나 죽은 이들에 대한 연대의식에서 비로소 자신을 유대인으로 이해했던 것이 아닙니다. 첼란은 저 사건[홀로코스트]에 의하여 유대인이 되었거나 유대교로 회귀한 것이 아니었습니다. 어떤 측면에서든 신학적이거나 미리 확정된 해석의 틀을 제쳐놓는다면, 말살[유대인 학살]이 갖는 의미는 존재양식 자체와 관련되며, 또한 자신이 추구하는 특정한 표상세계(Vorstellungswelt)와 관련되는데, 물리적인 파괴는 이 표상세계의 파괴와 불가분의 관계에 있다고 봐야 할 것입니다.[3]

첼란은 자기 자신을 "이해받지 못하는(unverstanden)" 시인으로, 또한 독자들이 "읽지 않는(ungelesen)" 시인으로 이야기한 바 있습니다. 그는 일찍이 늘 강조해 왔듯이 "자신의 문제로(in eigener Sache)"* 시를 썼으며, 전쟁과 강제수용이 한

---

* 「자오선(Der Meridian)」 관련 자료들은 Paul Celan: *Der Meridian, Endfassung, Vorstufen, Materialien*, Hg. von Bernhard Böschenstein und Heino Schmull, Frankfurt 1999 (Tübinger Celan-Ausgabe, 이하 TCA로 표기) 참조. 이를테면 Nr.47, 138쪽: "어떤 시인도 결코 타인의 문제로 말을 하지 않고 자신의 문제로만 말할 뿐이다……(Kein Dichter spricht jemals in anderer als in eigener Sache……)", 그리고 여기에 다음 설명이 덧붙여진다. 이로써 "말해진 것은 제각각의 판단에 맡겨진다(das …… Gesagte dem Denken eines jeden unterbreitet", 누구나 원칙적으로 자신을 개인으로 이해할 수 있다는 의미이다.

창일 때에도 이미 언제나 자신의 문제로 시를 썼습니다. 그의 비범한 재능은 첫 시집이 출간되었을 때부터 금방 주목받게 되었습니다. 그의 시적 재능 그리고 어쩌면 그러한 시 문학 자체마저 넘어서는 언어적 재능은 깊은 인상을 주었습니다. 이는 광범위한 독자층에게 아주 자명한 것이었습니다.

첼란 작품에 대한 연구서들은 오늘날 미처 다 셀 수 없을 정도로 많습니다. 그런데 예컨대 작품이 '이해될 수 없다'는 문제에 대한 논의가 제대로 이루어지지 않기 때문에 몰이해는 여전합니다. 새로운 의미가 언어 재료를 지배하게 되는 원리는 제대로 해명되지 않았으며, 적절한 해석학적 기준 또한 제대로 확립되어 있지 않습니다. 이 상황은 문학 연구가 지닌 맹점 가운데 하나입니다. 그런 까닭에 첼란의 작품에 내재하는 역사적 현실이 갖는 의미 또한 인식되지 못했습니다. 역사적 현실은 시 안에서 나타나는 폭넓은 지시관계들의 체계에서 중심적인 심급으로 떠오르지 못했습니다. 그런데 언어적 차원과 역사적 차원은 서로를 상호적으로 규정하는 것입니다. 시에 대한 단순하고 무비판적인 감상은 이에 대립하는 수많은 증거들을 무시해 왔습니다. 못 본 척하고 말았던 것입니다. 첼란의 시는 시 문학으로 인정받음으로써, 바로 그 때문에, 처음부터 독자에게 친숙한 '이해지평' 위에 놓이게 되었고, 그로 인해 그의 시가 갖는 차별성과 극단적인 자유에의 요구를 상실하게 되었습니다. 폭력과 몰락 그리고 민족 말살의 경험에 대한 암시들이 형식적으로 고려되었을 때조차 그러했습니다. 나름 배려한다는 차원에서 언급되곤 했을 뿐입니다. 그러나 통례적인 해설들은 글에 내재하는 문제를 드러나지 못하게 했고, 오히려 덮어버리고 말았습니다. 인위적으로 겹겹이 쌓인 의미층들은 접근을 가로막게 되었습니다.

시인이 죽은 지 30여 년이 지난 현재, 문헌학적 자료들이 제공되는 범위에는 한계가 거의 없습니다. 삶의 배경과 작품들의 각 마무리 단계는 이미 거의 전부 공개되어 있는 상황입니다. 편지들 그리고 비평본에 실려 있는 시 작품들의 다양한 수정단계 외에도 각종 형태의 자료가 존재하는데, 책에 적은 메모들이나 밑줄표시도 그런 자료에 속합니다. 가다머는 이 모든 것들이 시의 이해에 그다지 기여하지 못한다고 믿었지만 말입니다. 이제는 완성된 시 작품들을 개인적인 사실들과 지성적 배경과 관련지어 볼 수 있게 되었습니다. 그러나 실제로는 풍부하게 제공되고 있는 개인적 삶의 자료화 작업이 기존의 해석학적 상황을 바꾸지는 못했습니다. 자료는 스스로 말을 하지 않습니다. 해석은 여전히 맥락에 달려 있습니다. 자료화가 제대로 평가되기 위해서는 자료들을 올바르게 사용해야 하는데, 그러기 위해서는 제대로 된 해석적 접근이 전제됩니다. 이해의 어려움은 여전히 남습니다. 우연한 것이나 임시적인 것, 사전작업과 메모들, 그리고 기록된 만남들에 대해 알더라도 암호화된 시를 바로 이해할 수 있는 것은 아닙니다. 해독 작업은 한편으로 시와 마찬가지로 상당히 암호화된 특정하고 구체적인 계기를 제대로 평가해야 하지만, 다른 한편으로 이 외부적 사실들은 시에서 우선 어떻게 사용되고 실현되어 있는가에 따라 그 의미가 드러나는 것입니다. 의미관계는 고유한 어법 체계의 언어 내적 공간에서 형성됩니다. 그러한 측면에서 이해를 위한 전제조건은 두 가지 방면에서 특수합니다.

첼란의 언어가 시적으로 구성되는 방식은 '유대인'다운 어떤 특징이 있습니다. 무엇보다 중요한 것은 자유입니다. 자유로운 동기는 이미 정해지고 확정되어 있는 문화적 전통이나 종교적 전통에 얽매여 있는 것보다 가치 있으며, 말살 수용소를 계속 상기하는 것보다도 중요합니다. 말살 수용소에 대한 상기 역시 시적 작업을 통하여, 다시 말해 언어적 요소들을 내적으로 재구성함으로써 비로소 작품 전반에 걸쳐 두드러지게 현전(現前)하는 겁니다. 첼란의 시 문학은 자기 시대와 문화적 환경에 전승되어온 서정시의 언어를 이어갑니다. 그런데 첼란은 이 언어를 동시에 해체하지 않고서는 사용하지 못했을 겁니다. 그는 일찍이 습작을 하면서 리듬을 재수용할 때, 릴케와 게오르게(Stefan Anton George) 혹은 다른 선배 시인의 언어가 자신에게 어떠한 의미를 갖는지를 후배의 입장에서보다는 외부인의 입장에서 이해하고 있었습니다. 그렇기 때문에 그는 외부인으로서 언어 안으로 침입할 수 있었고, 언어의 심층적 차원을 해체하는 것이 가능했습니다. 정해진 어떠한 양식도 이러한 방식을 통하지 않고서는 더 이상 유지될 수 없었습니다. 변형은 새로운 의미부여의 전제조건을 만들어냅니다. 이미 존재하는 언어 재료를 언어 내적으로 새롭게 사용함으로써 자유로운 창작이 가능해지는 것이라면, 유대인다운 것이란 글자를 기본적인 구성요소로 하는 언어의 새로운 사용방식과 대체로 일맥상통합니다.

1 동화(同化 / Assimilation)의 문제는 사실 매우 민감한 문제이다. 유대인들
  이 기독교 중심의 서구 문화를 받아들이고 사회의 일원이 되는 것은 동시
  에 예부터 자신이 갖고 있던 본래 종교를 포기하고 기독교를 받아들이는
  것과 결부되어 있다. 그런데 종교와 문화의 깊은 결집성 때문에 이는 사
  실상 자신의 정체성을 포기하는 것과 다름없었다. 계몽주의 운동이 시작
  되면서 비로소 사회문화와 종교를 분리하고자 하는 시각이 우선 기독교
  측에서, 이후 차츰 유대교 측에서도 확산되었고, 이에 따라 유대인 측에서
  도 유대인들의 사회통합을 보다 장려하게 되었다.['발견한 자유' 장의 '하
  스칼라' 관련 옮긴이 주 (2번, 114쪽) 참조.]

2 첼란은 비록 독일에서 생활한 적은 없어도 독일어로 시를 썼는데, 그러
  한 의미에서 그는 우선 '독일' 시인이라고 할 수 있다. 첼란이 태어나고
  성장한 부코비나(Bukowina; 오늘날은 루마니아에 속함)는 옛 오스트리아
  합스부르크 왕가 지배의 영향으로 당시 교양층은 여전히 독일어를 사용
  했는데, 첼란도 집에서 독일어를 사용했다. 어머니로부터 배운 독일어는
  첼란에게 실로 모국어나 다름없었다고 할 수 있으며, 그는 홀로코스트
  이후나 파리에 정착한 후에도 평생 독일어로만 시를 썼다. 그런데 독일
  사회와 문화에 대한 그의 태도와 관계는 더욱 비판적이라 할 수 있다. 볼
  락은 본 강연에서 특히 독일어와 결부되어 있는 독일문학사가 첼란에게
  어떤 의미를 갖는지 다룬다.

3 여기서 '표상세계'는 계몽주의적 비판정신을 말하며, '표상세계의 파괴'
  는 그러한 비판정신의 상실을 뜻한다. 볼락은 비판정신의 상실이 역사
  적으로 계속 이어져온 유대인 박해, 그리고 종국에 유대인 학살에 이르
  게 한 정신상태와 연결된다고 보고 있다. 본 강연에서 볼락은 특히 계몽
  주의에 뿌리를 둔 비판정신이 첼란의 시 문학에서 갖는 중요성을 강조하
  고 있다. ['발견한 자유' 장과 '문학적인 반대운동'에 대한 옮긴이 주(1번,
  114쪽) 참조.]

비판적 차이의 중요성

Das Primat der kritischen Differenz

비판적 차이의 중요성

전통적 해석학에서 어떤 진리의 존재를 상정하는 것과 달리, 첼란의 경우 창조적 주체는 어떤 포괄적 진리로 가득하기만 한 것이 아닙니다. 주체는 거리를 취하고 있습니다. 그로 인해 진리의 존재 자체가 위기에 처하게 되고, 진리[의 위기]가 시에서 문제화됩니다. 그것이 시의 고유한 내용이 될 정도입니다. 첼란의 모든 시는 시가 갖는 진리에의 요구와 씨름하며, 그런 이유로 그의 시는 시로서의 자기 특성을 부각합니다. 첼란의 작품은 경계에서 움직입니다. 한편으로 이용 가능한 소재의 지평은 계속 넓어집니다. 그는 일간지나 입문서에서부터 전문적인 연구서에 이르는 매우 다양하고 광범위한 독서를 했으며, 호메로스, 단테, 셰익스피어, 그리고 다른 많은 시인들의 작품을 두루 섭렵했습니다. 그는 어떠한 지식이든 모두 수용했는데, 여기에는 많은 경우 그 출처를 쉽게 찾을 수 없는 지식도 포함됩니다. 그리고 참조사항들이 이렇게 늘어남에 따라 고정되어 있던 기존의 모든 의미가 변화하게 됩니다. 이는 철저히 행해지는 거리두기로 인하여 야기되는 현상입니다. 첼란이 여태껏 쓴 모든 문장은 텍스트 안에서 이미 법정에 세워집니다. 문장은 자신을 증명하고 정당화해야만 합니다. 재수용된 진술은 본래 갖고 있던 의미도 계속 간직합니다. 본래의 의미는 시적 맥락 또는 정치적 맥락(대체로 둘 다인)에서 비롯된 것입니다. 시에서 수용되었던 말의 본래 표현과 뜻은 알아볼 수 있습니다. 하지만 그 의미가 계속 유지될 수 없기 때문에 다르게 말해야 하는 것입니다. 변환은 연습처럼 행해지고, 시는 이러한 변환이 적용되는 장입니다.

시 안에서 의미론적인 체계가 구축되며, 그 체계는 규정 가능하고 포괄적인 구조를 갖습니다. 의미의 연결망은 언젠가, 어디선가 언어로 표현된 모든 것들을 포착해 내며, 그것을 새롭고 다른 방식으로 사용할 수 있게 해줍니다. 그렇기 때문에 현재 정리되어 공개된 개인적 삶에 대한 자료들도 매우 유용할 수 있습니다. 이 자료들은 해석과 직결되지는 않지만, 첼란이 무엇을 읽었고, 읽은 것을 얼마나 그리고 어떻게 수용했는지 알 수 있게 해주며, 이를 바탕으로 시의 언어 안에서 지성적 과정으로 그려진 진리에의 요구가 갖는 본래 의미의 윤곽이 드러납니다. 단어들이 시에서 시각적으로 제시되는 방식[1]은 단어들로 이루어지는 언어 집합체의 개별 요소를 관습적 관념들의 맥락에서 떼어냅니다. 이와 같은 변형은 그 관념들이 본질적으로 부차적인 것임을 드러냅니다. 원문과의 관련성이 환기되면서도 비판적이고 개인적인 입장은 유지될 수 있고, 결코 포기되지 않습니다. 보편적으로 익숙한 관점들은 그대로 수용되는 것이 아니며, 환기될 뿐입니다.

시에서 나타나는 특이성(Singularität)은 인물에 대한 평가를 하는 경우에도 얼마나 극단적인가 하면, 친분이 있는 작가들과의 관계를 재고할 때조차 그들에 대한 우정이, 또한 그렇잖아도 분명한 성향의 유대감이 결국 돌변하게 될 정도입니다. 넬리 작스(Nelly Sachs)*나 마가레테 주스만(Margarete

*　넬리 작스와 관련해서는 『아무도 아닌 자의 장미(Die Niemandsrose)』의 첫 연작 모음에 그녀에게 헌정된 시편들(in Paul Celan: *Gesammelte Werke in sieben Bänden*. Bd.I,

Susman)과 첼란의 관계가 이를 잘 보여줍니다.[2] 첼란은 시에서 펼치는 대화에서 자신의 관점에서 볼 때 상대에게 결여되어 있는 것을 지적하기에 이릅니다. 이 시적 공간에서는 궁극적으로 첼란 자신의 시각만이 정당성을 가집니다. 서로를 이어주는 기대로 인하여 처음에는 긍정적으로 받아들여지고 다소 과대평가되면서 공통점들이 부각될 수 있었는데, 이어서 단절이 마치 필연적으로 뒤따르게 됩니다. 그녀[들]는 결국 첼란 자신과 같지 않으며, 자신이 추구하는 그러한 인격이 아니었던 것입니다. 그녀[들]는 지배적인 일반적 견해들로부터 물러나 거리를 취하는 데에 뒤따르는 결과를 짊어지지 않았기 때문입니다.

이는 첼란이 존경한 마르틴 부버(Martin Buber)[3]에게도 똑같이 해당됩니다. 명확하고 끊임없이 갈라서는 극단성은 모순(Widerspruch)에서 비로소 나타나게 되는 통찰을 전제로 해야만 가능한 듯합니다. 아무리 우정어린 관계도 이러한 요

Frankfurt am Main 2000, 214-217쪽; 이하 권수와 페이지 수와 함께 GW로 표기.), 그리고 두 사람의 서신교환에 대한 본인의 연구 Histoire d'une lutte(1994), in: Jean Bollack: *Poésie contre poésie*, Paris 2001, 45-56쪽, 아울러 *Neue Rundschau*, Jg. 105(1997), 119-134쪽에 실려 있는 독일어 번역 참조. 마가레테 주스만과 관련해서는 본인의 논문 *Juifs allemands. Celan, Scholem, Susman*, in: Jean-Christophe Attias et Pierre Gisel (Hg.): *De la Bible à la littérature*. Genf 2003, 187-219쪽 참조.

구로부터 벗어날 수 없었습니다. 다른 사람들과의 관계는 우정이 아무리 깊더라도 첼란에게 결국 한 가지 의미만 가질 뿐이었습니다. 그것은 거리를 취하는 진리에의 의지를 뒷받침하는 것입니다. 이때 중요한 것은 진리에의 의지 자체라기보다도 그것이 구현하는 절대성(Unbedingtheit)입니다. 모순어법은 즉흥적인 면모가 있으면서도 나름의 방법론이 있고, 창조적이며 구성적이고, 구체적인 상황에서와 마찬가지로 근본구조에까지 영향을 미칩니다. 모순어법(Figure des Widerspuchs)은 흑백과 같이 서로 대립되는 두 영역을 모두 지배하고 있으며, 그것이 내포하는 선전포고는 체스 말처럼 흰 영역과 검은 영역을 아우르며 이쪽으로 튀었다가 저쪽으로 튀기도 합니다.

1 여기서 "단어들이 시에서 시각적으로 제시되는 방식"이란 독특한 시어들의 배열과 행 바꾸기 방식을 말한다.

2 넬리 작스(Nelly Sachs; 1891-1970)와 마가레테 주스만(Margarete Susman; 1872-1966)은 모두 독일계 유대인 여성으로 독일에서 태어났으나 나치 시절 타국으로 망명하게 되었다.(작스는 스웨덴으로, 주스만은 스위스로.) 두 사람은 망명 후에도 계속 독일어로 작품 활동을 했는데, 유대인들의 운명을 작품화했다는 점에서 크게 주목받았다. 작스는 많은 시와 시극을 남겼는데, 대표적인 것으로는 시집 『죽음의 집에서(In den Wohnungen des Todes)』(1947)와 『성식(星蝕 / Sternverdunkelung)』(1949) 등이 있으며, 그녀가 1966년 노벨문학상을 수상하는 데에 큰 영향을 준 시극 『엘리. 이스라엘의 고난에 대한 신비극(Eli. Ein Mysterienspiel vom Leiden Israels)』(1962)도 있다. 주스만 또한 시를 썼으나, 그보다는 많은 평론과 에세이를 남겼다. 대표작으로는 『욥기와 유대 민족의 운명(Das Buch Hiob und das Schicksal des jüdischen Volkes)』(1946) 그리고 『낭만주의 여성들(Frauen der Romantik)』(1960)과 같은 연구서가 있다. 첼란은 이 두 작가와 비슷한 배경을 공유하며 서로 간의 작품세계에 대한 존경을 바탕으로 친분을 나누었는데, 이들 사이에 오고 간 편지들이 이를 증언해 준다.
   그런데 첼란은 종교적 입장과 유대인 학살을 다루는 태도에서 작스나 주스만과는 큰 차이를 보였다. 첼란과 넬리 작스는 독일어로 시를 쓰는 유대인 시인으로서 운명을 나누고 있다고 느낄 만큼 친밀함을 가지고 있었다. 그런데 홀로코스트에 의한 유대인들의 고통을 섬세한 시적 언어로 형상화한 점에서 두 사람은 비슷하지만, 작스의 경우 종교적 믿음과 신에 의한 구원의 손길에 대한 희망을 품고 있었으며 신앙을 통하여 고통을 극복하고자 하면서 세상과 화해의 태도를 취하고 있었다. 반면 강력한 현실 고발을 추구하는 첼란의 시는 화해를 거부하며 종교적 구원을 멀리했다. 첼란의 시집 『아무도 아닌 자의 장미(Die Niemandsrose)』에 넬리 작스에게 헌정된 시 세 편, 「취리히, 춤 슈토르헨(Zürich, zum Storchen)」(I, 214), 「셋이서, 넷이서(Selbdritt, Selbviert)」(I, 216) 그리고 「수많은 별들(Soviel Gestirne)」(I, 217)이 수록되어 있는데, 특히 첫 번째 시는 종교에 대한 두 작가의 입장 차이를 담고 있다.

첼란은 자신보다 50세 연상인 마가레테 주스만에게서 조언과 위안을 찾았다. 그런데 주스만의 사상 또한 작스와 마찬가지로 유대교 신앙에 바탕을 두고 있었다. 예를 들어 『욥기와 유대 민족의 운명』에서 주스만은 유대인들이 겪게 된 고통을 구원사적 맥락에서 이해하고 의미를 찾고자 한다. 그러나 끔찍한 과거를 있는 그대로 보여주고 기억 속에서 생생하게 보존하는 것을 추구하는 첼란은 어떠한 형태로서의 의미부여에도 동의하지 않는다. 『숨결돌림(Atemwende)』에 수록되어 있는 시 「커다란 / 눈없음으로부터(Vom Großen / Augenlosen)」(II, 35)와 「노래 부를 수 있는 나머지(Singbarer Rest)」(II, 36)는 주스만에게 헌정된 시이며, '유대인'으로서 글을 쓰는 문제가 주제화되어 있다. 이밖에 출간되지 않고 유고작으로 남은 시 「90 그리고 더 많은 / 나이를 먹은 눈들(Der Neunzig- und Über- / jährigen Augen)」(GN, 98)에는 주스만에 대한 좀 더 비판적인 시각이 담겨있기도 하다.

3 마르틴 부버(Martin Buber; 1878-1965)는 오스트리아계 유대인 출신의 종교철학자이다. 부버는 한편으로 하시디즘(Hasidism) 연구로 유명하고, 다른 한편으로는 '대화의 철학자'로도 불린다. 그는 세기적 전환기에 유대인들이 점차 정체성의 혼란에 빠지는 것을 우려해 유대인 정체성 회복에 많은 힘을 썼고, 이를 위해 하시디즘을 연구하고 부흥시키고자 했다. 그의 대화론 또한 이와 같은 관심과 연구에 기반을 두고 있으며, 궁극적으로 '대화'를 통한 인간과 신 사이의 관계 회복을 목적으로 하지만 인본주의에 기반을 둔 그의 대화 사상은 비단 유대교에만 적용되지 않고 넓은 보편성을 갖는 것으로 다양한 영역에서 수용된다. 대표작으로는 하시디즘 전설들을 소개하는 『하시디즘 이야기들(Die Erzählungen der Chassidim)』(1949)과 그의 대화 철학이 집결되어 있는 『나와 너(Ich und Du)』(1923) 등이 있다. 이 밖에도 유대교와 관련되는 많은 저서와 논문들을 남겼다. 첼란은 일찍이 젊은 시절부터 부버를 알고 그의 하시디즘 연구나 대화론 그리고 성경 번역을 읽고 존경했으며, 그 영향은 첼란의 시와 연설문에 고스란히 나타나 있다. 그런데 후일(1960년) 부버를 만날 기회가 생겼

을 때 그가 홀로코스트 이후에도 독일어로 글을 쓰고 독일에서 출판하는 것에
대한 비판과 성찰 없이 나치 독일의 만행에 대해 화해적인 태도를 취하고 있음
에 실망하게 된다.

유대인의 독일어

Ein jüdisches Deutsch

유대인의 독일어

첼란은 앞서 언급한 두 여성의 경우에서와 같이 다른 유
대인들의 '독일(적인) 정신(Deutschtum)'을 비판하곤 했는데,
그들이 다루는 소재가 유대교 전통에서 취한 것일 때조차 그
러했습니다. 이때 첼란이 문제 삼은 것은 독일어 안에 어떤
비유대적인 것이 내재하는 데 따른 대립입니다. 그것은 언어
가 짊어지게 된 업보, 언어에 내재하는 신화적인 것과 예속
성, 그리고 비판력 부족입니다. 그래서 첼란은 '독일적인 유
대인의 언어(Deutsch-Jüdischem)'에 대비되는 '유대인의 독
일어(jüdisches Deutsch)'를 제시합니다. 이런 점에서 첼란에
게는 독일적이지 않은 것이야말로 진정으로 독일적인 것이
되며, 이는 자신의 사로잡혀있음으로부터 해방되는 역사적

행보였습니다. 그는 자신을 그러한 의미에서 유대인으로 이해하며, 수호자로 이해합니다. 어떤 '존재(Sein)'의 수호자가 아니라, 그의 표현대로 말하자면 어떤 '정신성(Geistigkeit)'*의 수호자 말입니다. 어떤 '지성성(Intellektualität)'의 수호자라고도 할 수 있을 것입니다. 첼란에게서 우선 지성인을 보고, 그 다음에 작가를 보고, 작가와 다시금 구별하여 마지막에 비로소 시인을 볼 필요가 있습니다. 첼란은 1960년, 뷔히너상(Georg Büchner-Preis)[1] 연설을 준비할 때 다음과 같은 메모를 적습니다: "인간이 될 수 있듯이 유대인이 될 수 있다. **'유대인이 되어버릴(verjuden)'** 수도 있는데, 경험상 덧붙이고 싶은 것은, 독일어로 **오늘날** 그것이 가장 쉽다는 것"**이라고.['오늘날'이라함은 '시사성(Aktualität)'를 의미합니다.]

---

* 첼란과 그의 부인 지젤(Gisèle de Lestrange) 사이의 서신교환에 첨부된 연표에는 첼란이 파리에 도착하자마자 1948년 8월 2일에 이스라엘에 사는 친척에게 보낸 편지에서 가져온 의미심장한 구절이 인용되어 있다: "어쩌면 저는 유럽에서 유대 정신성의 운명에 따라 끝까지 살아야 하는 마지막 이들 중 하나일지도 모릅니다.(Vielleicht bin ich einer der Letzten, die das Schicksal jüdischer Geistigkeit in Europa zuende leben müssen)"(Paul Celan, Gisèle Celan-Lestrange: *Briefwechsel*. Aus dem Französischen von Eugen Helmlé, Frankfurt am Main 2001, Bd. II, 405쪽)—이 말은 삶의 강령이자 예언이었다. '정신성(Geistigkeit)'은 흔히 이야기하는 '정신(Geist)'을 대신하는 것으로 보인다.

** Materialien zum *Meridian*, TCA, Nr.415, 130쪽 참조: "Man kann zum Juden werden, wie man zum Menschen werden kann; man kann *verjuden* und ich möchte, aus Erfahrung, hinzufügen: auf deutsch *heute* wohl am besten."

그리고 이어서 "**유대인이 되어버린다**'는 것은 '다르게 된다 (Anderswerden)'는 뜻이다"*라고 덧붙입니다.

    시에서 나타나는 자기성찰과 자신의 위치를 파악하고자 하는 시도들은 동일한 비판적 경향에서 파생된 것입니다. 어쩌면 첼란이 적은 메모들에 나타나 있는 관점들마저 결국 서로 간 대립할지도 모릅니다. 성찰은 내재하는 변증법적 모순마저 극복합니다. 그러한 시도는 어디에도 매이지 않고, 각기 개별적이고 특수하며 반복될 수 없는 방식으로 시에서 표현됩니다. 첼란은 이와의 상호연관 속에서 자신의 작업방식을 힘겹고 비장한 양식을 통해 분석했으며, 언제나 새롭게 미지의 영역 속으로 내딛고자 하는 자신의 여정을 제시했습니다. 이때 시의 구성 안으로 수용된 어떤 언어입자가 어떻게 한편으로 시의 구성을 고정하거나 변형하는 데에 일조하면서 다른 한편으로 비로소 시의 그 구성으로부터 규정되는 의미를 얻게 되는지 의문이 일게 됩니다. 언어 내재적이고

---

* 같은 곳 Nr.417, 130쪽 이하: "*Verjuden*: Es ist das Anderswerden." 더불어 Nr.418, 131쪽도 참조: "시는 골칫거리에 대하여 말함으로써가 아니라 굳건하게 자기 자신을 고수하기 때문에 골칫거리가 된다─문학의 유대인이 된다─(…).[Nicht indem es vom Ärgernis spricht, sondern indem es, unerschütterlich, es selbst bleibt, wird das Gedicht zum Ärgernis─wird es zum Juden in der Literatur─(…).]"

독자적인 어구(Idiom), 즉 언어의 다양성 속에 놓인 어구는 그것이 고립될수록, 그리고 언어 외적인 경험들도 포함된 새롭게 쟁취된 자신만의 경험들에 근거할수록 독립적인 것이 됩니다. 이러한 사실 자체는 역설적으로 보일지라도 더 깊은 논리를 따릅니다. 글로 쓰인 것은 '다른 것(anderem)'이 되며, 어떤 문제와의 대결이 됩니다. 글은 중심이 아닌 주변으로 물러서면서 전통적인 시의 재료들을 역사와 관련시켜 사용할 수 있게 되고, 그렇게 함으로써 시를 마지막 구성요소까지 철저히 성찰의 법칙에 예속시키게 됩니다. 시는 변형됨으로써 더 이상 상징으로 가득 차 있지 않게 됩니다.

언어가 말하는 것이 아니라, 언어를 지배하는 주체가 말을 합니다.[2] 주체는 자신이 언어 속에 살고 있으며, 언어에 의존해 살고 있다는 것도 알지만, 자신이 갖고 있는 자립성에 의거해 즉흥적이고 통제되지 않는 자극들을 성찰로 이끌 수 있다는 것 또한 알고 있습니다. 언어는 '지나온 것'이며, 이미 형성된 것입니다. 지난 역사와 이어져온 견해들은 언어 안에 누적되어 있고, 문학 양식과 장르들 안에는 더욱 많이 쌓여 있습니다. 그러나 오직 지금의 순간만이 의미 있다고 보고, 그때그때 이 지금으로부터 글을 쓰는 작가는 이에 만족하지 않습니다. 어떤 면에서 이는 언제나 그래왔습니다. 어떤 발명이 갖는 의미가 크면 클수록 선택된 입지는 그만큼 시사적이고 시대와 관련 맺습니다. 첼란에게 있어서의 새로움은 자신의 역사성을 성찰하는 과격함에 있었으며, 텍스트 안에서 어떤 시각의 방향성을 가려내는 데에 있었는데, 그러한 관점에 의해 텍스트가 비로소 확립됩니다. 그가 유대인으로서 수치*를 느끼기보다 자부심을 가질 수 있었던 것은 자율(Autonomie)을 표방하겠다는 중대한 결단에 근거합니다. 자율은 태생의 배경이나 종교와 직접 관련되는 것이 아니라, 자신의 개인성, 유대인으로 태어난 '자기 자신'과 관련되기 때문에, 첼란은 오히려 이 자율을 더 드러내 보였습니다. 태생과 종교도 이 시각에 예속되었습니다.

첼란의 시 문학은 일종의 사유양식입니다. 첼란은 그것을 기억과 동일시합니다. 이처럼 응축된 사유형태는 철학으로도 신학으로도 분류될 수 없습니다. 사유방식의 문제제기 방향이 제각기 다르더라도, 여전히 비교될 수 있는 접점이 있

---

* 첼란은 때로 카프카를 비롯한 다른 이들과의 차이를 강조하곤 했다. 차이는 스스로 재량권을 갖고 행한 고립에 있다. 첼란이 1967년 베를린에 머물 때 한 발언을 참조: "…… 아직 발병증 없음.(…… noch nichts Interkurrierendes.)"[Marlies Janz: *Paul Celan in Berlin im Dezember 1967*, in: Celan-Jahrbuch Nr.8 (2001/2002), 340쪽.]

는 지점에서 차이가 나는 것입니다. 첼란의 시에는 항상 같은 의미를 갖고 재등장하는 것이 거의 없습니다. 시를 쓰는 주체는 소재와 깊은 연관을 맺고, 자신이 택한 전달방식에서 이 소재와의 관계를 결코 단절하지 않습니다. 첼란은 어떤 시각을 논박하기만 하지 않고, 카발라(Kabbala)나 프로이트(Sigmund Freud)로부터 따온 텍스트들을 재수용한 경우에서와 같이, 주어진 단어들의 독법에 서슴없이 새로운 의미를 부여하는 순간 자신이 무엇으로부터 거리를 두는지를 보다 명확하게 보여줍니다. 이에 따르는 원문 구절의 변형은 바꿔쓰기가 이루어졌음이 훤히 드러나는 형태로 똑같이 과격하게 이루어집니다. '다른 것'은 익숙한 것으로부터 확연하고 눈에 띄게 구별됩니다. 의미는 새로운 방향으로 전환됩니다. 시인은 이것으로 자신의 선택의 자유를 강조합니다. 수용한 텍스트가 아무리 권위 있는 것이라 하더라도, 그는 '지나온 것'을 자의(Freiheit der Willkür)에 내맡깁니다. 권위와 유효성의 실체는 사회적이고 지성적인 조건 하에서 폭로되고, 그럼으로써 의문시됩니다.

이해의 준비가 제대로 되어 있지 않고, 시를 비판 없이 이해하려는 감상은 거리감을 사라지게 합니다. 이러한 감상은 해명되지 않은 조건들 때문에 진술된 것을 잘못 이해하게 됩니다. 시 안에 있는 내재적이고 자기목적적인 어둠(Dunkelheit)을 간과해 버리고 마는 것입니다. 대신 그 자리에 어떤 긍정성—다른 영역에 속하는 표상과 믿음들로 이루어진—이 들어서게 되고, 이것이 하나의 이해의 가능성으로 강요됩니다. 텍스트는 마치 뚜껑을 덮고 못으로 박아놓은 듯이 닫혀버립니다. 따라서 작가가 시적 구성물 안에서 변형하거나 부정한 바로 그 생각들이 종종 그저 원래 뜻으로 받아들여지게 되는 것은 당연해 보입니다. 부정의 태도가 지양(止揚)됨에 따라, 시인이 선택한 입지가, 그가 추구하는 독립적인 인격과 자유에의 요구가 상실되어 버립니다. 그것들이 무시되어 버림으로써 다시금 익숙한 구조 안으로 편입되고 맙니다.

1 극작가 게오르크 뷔히너(1813-1837)를 기리기 위하여 만들어진 이 상은 독일의 가장 영예로운 문학상이다. 첼란의 뷔히너상 수상연설은 '자오선 Der Meridian'이라는 제목을 갖고 있는데, 첼란은 여기서 자신의 시론을 매우 함축적인 언어로 압축해서 표명하고 있다. 첼란은 시 이외에 다른 글은 거의 남기지 않은 만큼, '자오선'은 첼란의 작품세계를 이해하기 위하여 매우 중요한 단초가 되고 있다.

2 여기서 볼락은 첼란의 언어 이해와 하이데거의 언어관의 차이를 지적하고 있다. 첼란도 언어가 인간의 존재양식에 끼치는 중요성을 인식하고 있었다. 그러나 하이데거가 사람이 존재론적으로 언어의 지배를 받고 언어가 사람을 규정하는 것으로 보았다면, 첼란은 주체적으로 언어의 방향을 잡아야 한다고 보았으며, 성찰 없이 자신을 주어진 언어의 흐름에 내맡기는 것을 경계했다.(Jean Bollack: *Dichtung wider Dichtung* 131쪽, 그리고 오토 페겔러[푀글러],『하이데거 사유의 길』, 이기상·이말숙 옮김, 문예출판사, 1993, 321쪽 참조.)

출정으로서의 시 문학: 시「생각해 보라」

Dichtung als Kriegszug: das Gedict 'Denk dir'

출정으로서의 시 문학: 시 「생각해 보라」

첼란은 1967년의 6일전쟁[제3차 중동전쟁][1]에 매우 큰 관심을 가졌고, 전쟁의 추이를 격앙된 마음으로 지켜보았습니다. (저는 그가 당시 그때의 진행상황을 알려주기 위해 하루에도 수차례 전화한 것을 기억합니다.) 시 「생각해 보라(Denk dir)」는 바로 이 무렵에 쓴 시입니다. 그는 이 시를 곧바로 널리 알리고 싶어 했습니다. 그는 이 시를 통해 자신에게 중요한 시사적 문제에 관하여 입장을 표명했던 것입니다.* 이러한 상황에서 중요한 것은 시가 제대로 이해되는지 여부가 아니라, 누군가

---

* 스위스, 독일 그리고 이스라엘의 다양한 신문과 잡지들에 출간된 다른 판본들 참조. Vgl. Paul Celan: *Fadensonnen*. TCA. Frankfurt am Main 2000, 251쪽.[시집 『실낱태양 Fadensonnen』의 마지막 시, GW II, 227쪽.]

가 자신의 시를 읽고, 자신의 목소리를 듣는다는 것이었습니다.

생각해 보라

생각해 보라:
마사다의 늪지대 병사가
자신에게 고향을 가르친다, 결코
소실되지 않게끔,
철조망의 모든 가시에
맞서며.

생각해 보라:
그 형체 없고 눈이 없는 이들이
혼란을 가르며 너를 안내한다, 너는
강해지고 또
강해진다.

생각해 보라: 네

자신의 손이

다시금

삶 속으로

고통스럽게 들어올린

이 한 뼘

거주할 수 있는 땅을

쥐고 있었다.

생각해 보라:

그것이 나를 향해 다가왔다,

이름깨어, 손깨어

영원히

매장할 수 없는 것으로부터.

DENK DIR

Denk dir:

der Moorsoldat von Massada

bringt sich Heimat bei, aufs

unauslöschlichste,

wider

allen Dorn im Draht.

Denk dir:

die Augenlosen ohne Gestalt

führen dich frei durchs Gewühl, du

erstarkst und

erstarkst.

Denk dir:

deine eigene Hand

hat dies wieder

ins Leben empor-

gelittene

Stück

bewohnbahrer Erde

gehalten.

Denk dir:

das kam auf mich zu,

namenwach, handwach

für immer,

vom Unbestattbaren her.

시의 첫 단어들은 제목을 이루면서 텍스트 전체에서 두드러집니다. 독일어 단어 "생각하라(Denk)"와 "네게(dir)"로 구성된 "생각해 보라"라는 표현의 의미를 이해하려면, '생각한다(Denken)'는 것이 [추념(追念 / Gedenken)이기도 한] '기억(Erinnerung)'과 관련되며, 시에서 시인 자신에게서 분리된 인격을 대변하는 '너'가 여기서 특정한 무언가를 마음속으로 떠올려 이에 대해 생각하도록 요구받고 있음을 염두에 둘 필요가 있습니다. 이 시는 전쟁이 한창인 시기에도 시 문학 자체를 주제로 삼고 있습니다. 시에서 시 문학은 전쟁과 대면하게 됩니다. "너 생각하라(denk du)"는 "네 스스로(für dich)"라는 의미의 "네 스스로 생각해 보라(denk dir)"로 전환되고 있습니다. 이는 마치 "네게 말하라(sag dir)"라고 하려던 것이 생각의 영역에서만 자신을 향하게 될 수 있는 것처럼 보입니다. 4연 모두 이 구절로 시작하는데, 구절의 반복은 과정의 진행단계를 표시합니다.

나머지 부분들과 뚜렷이 구분되는 시의 출발은 억압적인 시대에서의 저항과 해방을 다루고 있습니다. 여기 등장하는 '수감자(收監者)들의 노래'에서 어떤 의지를 확인할 수 있습니다. 수감자들은 "늪지대 병사들(Moorsoldaten)"[2]인데, 이들에게서는 수용소의 세계가 연상됩니다. 관련된 특정한 현실은 뵈르거모어 집단수용소(Konzentrationslager Börgermoor)입니다. "늪지대 병사들"은 1935년에 출간된 볼프강 랑호프(Wolfgang Langhoff)의 책 제목에서 따온 것입니다.*

여기서 병사들은 마사다(Masada)[3]와 연관되어 있습니다.

* Wolfgang Langhoff: *Die Moorsoldaten. 13 Monate Konzentrationslager. Unpolitischer Tatsachenbericht*. Zürich 1935. 이 책이 독일에서 처음 합법적으로 출간된 것은 종전 이후 1946년이었다. 지젤과의 서신교환 중 편지 529번에 대한 불어 판본의 코멘트 참조(Paul Celan, Gisèle Celan-Lestrange: *Correspondance*. Paris 2001, Bd.II, 376쪽 이하, 각주1; 독일어 판본에서는 코멘트가 매우 간추려져 있음). 그리고 바르바라 비데만(Barbara Wiedemann)의 해설 참조(Paul Celan: *Die Gedichte. Kommentierte Gesamtausgabe in einem Band*. Frankfurt am Main 2003, 790쪽 이하). 〈우리는 늪지대 병사들이다(Wir sind die Moorsoldaten)〉라는 노래는 본래 정치적 수감자들이 만들었는데, 작곡가 한스 아이슬러(Hans Eisler)가 이 노래를 에른스트 부슈(Ernst Busch)를 위하여 편곡했다. 해설을 보면 첼란은 1949년에 출간된 아도르노(Theodor W. Adorno)의 『신음악의 철학(Philosophie der neuen Musik)』을 갖고 있었는데, 거기에 시 「생각해 보라」를 위한 메모를 적어 놓았다고 한다. 첼란은 이 노래의 가사를 1946년부터 오이겐 코곤(Eugen Kogon)의 책 『SS국가. 독일 집단수용소의 체계(Der SS-Staat. Das System der deutschen Konzentrationslager)』를 통해 알게 되었을 수 있다. 이 책은 그의 장서(藏書)들에 포함되어 있다.

역사가 플라비우스 요세푸스(Flavius Josephus)에 따르면 기원후 73년 유대·로마 전쟁 때 마사다가 함락되자 요새를 지키던 유대인들은 생포되지 않기 위하여 모두 스스로 목숨을 끊었다고 합니다. 그런데 시에서 만들어진 연관성은 첼란이 시를 쓴 동기가 된 사건으로부터 직접 도출되지는 않습니다. 여기서는 일단 죽은 이들이 상기되고 있음에 주목해 볼 수 있을 것입니다. 첼란에게 죽은 이들을 상기하는 것은 모든 폭력에 반기를 드는 자유에의 갈망과 밀접하게 연관되어 있습니다. 그리고 여기서 말하는 "고향"은 역사의 끔찍한 일들을 주제화하면서 억압에 대항하는 봉기에 연대를 표명하는 시 작품에서 찾을 수 있을 것입니다. 이와 같은 불변요소는 여기서도 역사적 상황에 대한 묘사의 근저에 놓여 있습니다.

지속되는 반항은 "소실되지 않는(unauslöschlich)" 상승에 이르게 합니다. 이 표현의 최상급["결코 소실되지 않게끔 (unauslöschlichste)"]은 첼란의 작품세계 전체를 관통하는 어떤 절대적 확신을 나타냅니다. 시의 단어들은 봉기에 의해 한 곳에 모여, 가시철조망으로 형상화되는 폭력의 신조에 대항합니다. 그 철사 이면에는 십자가에 못 박힌 이의 머리 위에서 찬양받는 그 가시("가시왕Dornenkönig"[4])도 숨어 있습니다.*

    그러고 나서 시인이 가장 깊은 곳까지 들여다 본 무(無)의

심연으로부터 살해된 이들의 군대가 시 작품을 통해 다시 살

아나 일어섭니다. '아무것도 아님 / 무존재(Nichtssein)'로서

이들이 갖는 힘은 무적입니다. 이보다 더 자유로운 것은 없

---

* 『노이에 취리허 차이퉁Neue Zürcher Zeitung』 문예면 편집장 베르너 베버(Werner Weber)는 이 시를 6월 24일 그리고 25일자 신문에 실었는데, 시가 처음으로 인쇄될 때 직접 해설을 덧붙였다. 이 해설은 시의 텍스트가 읽히고 수용된 지평을 상세히 기록하고 있다.(다시 출간된 곳: Werner Weber: *Forderungen. Bemerkungen und Aufsätze zur Literatur*, Zürich 1970, 193-206쪽.) 베버는 에밀 슈타이거(Emil Staiger)의 영향을 받았고, 슈타이거를 통하여 마르틴 하이데거(Martin Heidegger)의 영향을 받았다. 본래의 의미[시인의 의도]를 거스르는 [베버의] 이해방식은 다음과 같이 정확히 요약될 수 있다: 마사다가 현재와 관련 맺게 되는데, 그러한 비교에 의해 시간성으로부터 벗어나 다른―"숙명적(geschicklich)"이고 역사성을 초월하는―질서 속으로 들어서는 것이 가능해지기 때문이다. 첼란의 관점이 수용되더라도, 기억은 자기 자신을 상대하게 되며, 보다 높은 [존재론적] 차원의 진리를 떠오르게 하는 과업을 맡게 된다. 이름이 있는 것은 "생명(Leben)"도 있다고 여겨진다. 산만한 우리 문명에서 벗어나 있는 활력이 있는 진실한 생명 말이다. '손깨어있는 손(handwache Hand)'이 침투하길 바라는 곳은 바로 이 세계이다. [그런데] "이름"부터 "손"까지 이르는 텍스트에 대한 이와 같은 순진한 해독은 시인의 작업을 다만 현존(Dasein)의 영역에 놓게 한다. 문학 창작과의 관계는 전부 차단되고 존재(Sein)의 영역에 머물게 된다. 이로써 첼란은 "매장"되고 말았다. 첼란은 시가 출간되고 나서 프란츠 부름(Franz Wurm)에게 쓴 편지에서(Paul Celan: *Briefwechsel mit Franz Wurm*, Frankfurt am Main 1995, 1967년 7월 1일자 편지 52번, 83쪽) 자신의 '만족감'을 드러낸다. 그는 "세심"하고 잘 기록된 정보를 통해 확인받은 느낌을 받았다. 그는 상황을 이 맥락 안에 그대로 두려고 했고 더 해명하거나 정정할 생각이 없었다. 이러한 행동과 태도는 나름의 논리에 따르는 것이었다. 모든 것이 미리 계산되었던 것이며, 오해도 이미 예상된 것이었다. 부름조차 의구심을 드러냈다(1967년 7월 13일자 편지 54번, 85쪽 이하). 그 걱정은 편집자의 성품 그리고 해설이 내포하는 고통 위에 드리워진 구원의 신학에 대한 것이었다. 그런데 이는 그 시점에서 논의의 대상이 되지 않았고, 부름도 텍스트를 이대로는 이해하지 못했다. 중요한 것은 시의 유포였다. ― 어떤 수단을 써서라도.

습니다. 이들은 의지할 수 있는 아군입니다. 아무것도 이들을 구속하지 못하고, 이들은 거침없이 진격합니다.

이어서 되찾은 '거주할 수 있는 땅 한 뼘'이 다루어집니다. 영토의 탈환은 여기서도 글을 쓰는 시인의 작업과 관련되며, 시인에 의해 모든 것이 변화된 어떤 상황으로 이해되어야 합니다. 방황하던 민족에 의해 새로 점령되는 지역이라는 이미지는 다른 시에서도 찾아볼 수 있습니다.*

누구에게도 내줄 수 없는 손들은 시인의 손이며, 그는 전능한 아군의 조력을 확보했습니다. 그런데 시인은 또한 자신의 고유한 힘으로 인하여 한 인격으로서 두드러집니다. 이것은 시에 성취되는 또 다른 과제입니다. 시인은 마치 시시포스(Sisyphus)의 노고와도 같은 과정을 통해, 두 과제가 함께 다루어질 수 있는 장소를 마련하려고 합니다. 그곳에서는 겪어온 고통의 진실을 말하는 것이 가능해지는 까닭입니다.

중심적으로 사용되고 있는 지시대명사["그것(das)"]는 앞

---

* 시 「연기제비(Rauchschwalbe)」(GW II, 216쪽) 참조: "땅을 점거할 시간이었다 / 사람의 나라에서.(es war Landnahme-Zeit / in Menschland.)"

서 열거된 시 창작과 관련되었던 요소들과 마지막 연을 연관 맺게 해줍니다. 전쟁 상황은 과거를 되돌아보는 한 시점 (Zeitpunkt)의 소생에 함축되어 있습니다. 이로부터 오는 호소력은 그 요소들 안에 계속 살아 있는 정신사적 과거를 지시합니다. 그렇다면 현재의 전쟁도 시인이 예전부터 계속 치르고 있는 바로 그 싸움과 같은 것입니다. 그렇기 때문에 이 전쟁은 사건의 정점에 있습니다. 뒤집어 본다면 군사적 행위는 시적 행위에 상응하며, 시적 행위로부터 비로소 이해됩니다. 시인은 이와 같은 상응에 근거하여 자신의 정당함을 확인하는데, 다른 한편으로 사건[전쟁]도 시인이 진실을 담은 말로 치루는 그 싸움과 결코 다르지 않을 때 비로소 정당화될 수 있습니다. 그 말들은 "이름들"이며, 이 이름들은 글을 쓰는 "손"의 그릇됨이 없는 (그리고 이루 말할 수 없는) '깨어있음(Wachsamkeit)'에 근거합니다. 유대인들은 이 손[5] 안에 거주합니다.

여기서 추모의 장소 야드 바셈(Yad Vashem; "손과 이름")[6]의 이름을 읽어낼 수 있으며, 이어 예언자 이사야의 말도 함께 떠오르는데, 첼란은 단지 당시 상황 때문에 이를 상기시키는 것은 아닙니다. '이름'과 '손'은 첼란의 언어에서 구조적인 역할을 하는 요소들입니다.* 추모의 장소와 이사야서에서 따온 구절은 시 작품 안에 있습니다. 이사야서 구절에 나오는 단어들을 시에서 강조되어 있는 '깨어있음(Wachsein)'과 연결 짓기만 하면 됩니다. 이사야서에서 손은 기억의 장소[7]로 표현됩니다.["나는 이들에게 나의 집과 나의 울 안에 아들딸보다 나은 장소와 이름을 주리라(ich will ihnen in meinem Hause und meinen Mauern einen Ort und einen Namen geben, besser denn Söhne und Töchter)."(이사야 56:5)] 호라티우스(Flaccus Quintus Horatius)는 청동보다도 영속하는 기념비를 남겼노라고 했습니다(exegi monumentum aere perennius).** 시인들은 최상급을 남발하는 경향이 있습니다. 나라[이스라엘]는 어떻게 계속 살아나가게 될까요? 첼란은 프란츠 부름(Franz Wurm)[8]에게 보낸 편지에 다음과 같이 썼습니다: "제 마음은 근심으로 가득합니다. 이스라엘과 관련된 일들 때문에, 그곳 사람들과 전쟁 그리고 모든 전쟁들 때문에."*** 근심은 첼란의

---

* 지젤과의 서신교환(*Briefwechsel* mit Gisèle, Bd. II, 383쪽)에서 날짜가 밝혀지지 않은 자료 677번에 대한 바디우(B. Badiou)의 해설 참조. ['손'과 '이름'이라는] 두 단어가 다양한 크기의 히브리 글자로 여러 번 따라 그려져 있다.

** 호라티우스 송가 Oden III, 30: "나는 청동보다 영속하는 기념비를 세웠노라."

*** 1967년 6월 8일자 편지 47번, 71쪽: "In mir ist Unruhe, der Dinge um Israel wegen, der Menschen dort, des Krieges und der Kriege wegen."

마음속에 존재할 따름이 아닌가요? 그것은 글로 남긴 것이 갖는 무(無)시간성입니다.*

마지막 구절은 힘의 근간이 되는 어떤 근원, 그리고 그로부터 유래하는 자신감과 관련됩니다. 첼란은 원래 이 근원을 표현하기 위하여 횔덜린(Friedrich Hölderlin)의 『엠페도클레스(Empedokles)』[9]에서 차용한 말을 사용했습니다. 그것은 마술을 부리는 시인 엠페도클레스에 대한 묘사로부터 따온 것이었습니다. 비극의 시작부에서 판테아(Panthea)는 엠페도클레스의 창조적 천재성을 제대로 묘사하려고 애씁니다. 그녀의 말에 의하면, 그는 모든 것을 변화하게 할 수 있는 특이한 본성의 소유자입니다. 첼란은 이 말을 중성형 명사["모든 것을 변화시키는 것(das Allverwandelnde)"]의 형태로 바꿔 사용했습니다. 그것은 전능한 원리이자 마지막 심급입니다.**

---

*   존 펠스티너(John Felstiner)는 이 상황을 다음과 같이 묘사한다: 첼란은 전 세계 유대인들의 환호에 참여하지 않았다.["그러나 6일 전쟁은 그를 열광의 파도로 휩쓸고 가지 않았다.(Yet the Six-day War had not swept him up on a wave of enthusiasm.)"]; 그는 자신의 우울을 극복하지 못했다.["첼란은 아무래도 아픈 사람이었고 때로는 폭력적이고 심지어 자살까지 시도했다.(Celan was, after all, a sick man, sometimes violent and even suicidal.)"] 이 사람에게 달리 무슨 기대를 하겠는가? John Felstiner: *Paul Celan. Poet, Survivor, Jew*, New Haven and London, 1995, 243쪽.

**   첼란은 편지를 주고받은 부름의 지적을 받아들여 출처와 재수용의 의미를 밝히기로 했다 (*Briefwechsel mit Franz Wurm*, Nr.50, vom 13.6. 1967, 77쪽). 첫 독자들[부름과 루치 볼겐징어(Luzzi Wolgensinger)]는 이후 다른 이들도 그랬던 것처럼 [초고의] 마지막 구절을 그저 자연적인 심상으로 이해했으나, 이는 [횔덜린에 대한] 사은(謝恩)

68

그런데 최종본에서 "모든 것을 변화시키는 것(Allverwandeln de)"이라는 표현은 "매장할 수 없는 것(Unbestattbare)"으로 ["매장할 수 없는 것으로부터(vom Unbestattbaren her)"로] 바뀌게 되었습니다.* 일어난 일들이 말살의 대상이 되어 잊히는 것에 대항하는 싸움은 첼란에게 다른 어떤 것에 비해 중요합니다. 편지에서 그는 다음과 같이 말합니다: "(…) 이 말은 저를 시를 향해 (…) 점점 팽팽하게 조여드는 (…) 기대의 상태에 놓이게 했습니다.—그러고는 고마움으로 인하여 시 안에서 다시 등장하게 되었습니다. 그런데 여기서 표명하고자 한 고마움은 불쑥 솟구치는 더욱 강력한 외침 앞에서 사라지고 말았습니다. 이제는 '매장할 수 없는 것으로부터'로 끝납니다.—이게 맞는 것 같습니다."**

의 뜻이 담긴 문학적 심상임이 분명하다.

* "매장할 수 없다(unbestattbar)"라는 표현은 부름이 생각하는 것만큼 다의적이지는 않을 수도 있다(1967년 6월 15일자 편지 51번, 79쪽 참조). 첼란은 사람들이 그에게 갖는 익숙한 기대에서 벗어나지 않는 쪽을 택했다. 생을 다른 질서와 다른 영속성 속으로 편입하고 변화시키기 위해서 그는 무덤을 상기시키면서 생동하는 것은 멀리해야만 했다.

** 부름에게 보낸 1967년 6월 13일자 편지 50번, 77쪽: "dieses Wort (…) versetzte mich in jenen (…) Zustand der sich straffer und straffer dem Gedicht (…) entgegenspannenden Erwartung – und kam dann, aus Dankbarkeit, im Text wieder. Nur daß diese Dankbarkeit, die hier bezeugt werden soll, schwindet gegenüber dem unvermittelten, stärkeren Anruf: jetzt heißt es—richtig, glaube ich—: vom *Unbestattbaren* her". 이 구절을 유대인 공동체를 위해 해설하는 펠스티너는 두 가지 측면을 지적한다. 한편으로는 매장할 수 없는 희생자들이 있고, 다른 한편으로는 계속 살아 있는 이들의 정신이 있

69

작가는 시에서 자기 자신의 위치를 인식하고 있습니다. 그는 마음을 졸이다가 이스라엘에게 이롭게 끝난 결말을 경험하게 되었습니다. 그는 두려움과 위협을 통해서 위험을 이겨내기 위하여 스스로의 힘을 가늠하게 되었습니다. 그 힘의 양상은 어느 다른 곳에서보다 여기 이 시에서 명확하게 헤아려져 있고 정의되어 있습니다. 전쟁은 이미 그 자신의 전쟁이었습니다. 첼란이 이 더없이 특수한 상황에서 어떤 식의 관계를 맺는지, 그리고 출판 행위가 갖는 정치적 의미는 시의 각별한 묘사를 통해서 비로소 드러납니다.

부름에게 보낸 시의 초고를 동봉한 편지에서 첼란은 전쟁의 결말보다도 전쟁 자체에 대한 걱정을 언급합니다. 시인은 물론 이스라엘이 생존하길 바랍니다. 그러나: "줄을 잇는 전쟁에 대한 생각, 사람들이 서로를 죽이고 있는 동안에 '권력자들'이 행하는 거래와 흥정에 대해 생각—저는 그 생각을 끝까지 할 수 없습니다."* 1967년에 첼란은 전쟁의 결말을

는 것이다. "'매장할 수 없다'는 첼란의 말은 결국 한 생각의 두 측면을 하나로 묶어준다. 매장되지 **못한** 유대인 희생자들과 매장되지 **않을** 이들의 정신.(Finally, Celan's word 'unburiable' fuses the two halves of one idea: Jewish victims who *could* not be buried and their spirit that *will* not.)" (242쪽)

* 1967년 6월 8일자 편지 47번, 71쪽: "der Gedanke an eine Kette von Kriegen, an das Markten und Schachern der 'Großen', während Menschen einander töten—nein, das kann ich

전율하면서 보게 되었습니다. 그의 목소리는 예언을 했다고,
또는 걱정을 했다고 할 수 있을 것이며, 경고를 했다고도 할
수 있을 것입니다.* 보기 나름이겠습니다.

nicht zu Ende denken."

* 1967년 6월 11일자 편지 48번(74쪽 이하) 그리고 1967년 7월 13일자 편지 54
번을 보면 부름도 같은 걱정을 했고, 그의 걱정도 당시 상황을 적절하게 이해한 것
에서 비롯되었음을 알 수 있다. 오늘날 기독교(또는 기독교-유대교적) 측에서는
단지 통례적인 차원에서만 이스라엘의 이해관계와 동조한다. 리디아 쾰레(Lydia
Koelle)는 시에 대하여 다음과 같이 시대착오적인 해설을 내놓았다. "(첼란은) 예
루살렘에 대한 권한과 그곳의 성지를 제한 없이 접근할 수 있는 권리에 대한 자
기 민족의 정치적이고 종교적인 (원문대로!) 요구를 유대인의 정체성 표출의 일환
으로 정당화한다. 예루살렘은 종교적인(geistlich) ['정신적인(geistig)'이 아니고] 중
심지가 되어야 할 뿐만 아니라 정치적인 중심지도 되어야 한다는 것이다.[(Celan)
legitimiert den religiösen und politischen (sic!) Anspruch seines Volkes auf die Stadt Jerusalem
und den ungehinderten Zutritt zu ihren heiligen Stätten als Teil und Ausdruck jüdischer
Identität: Jerusalem soll nicht nur geistlicher (so, nicht "geistiger"), sondern auch der politische
Mittelpunkt werden.]" 이는 순전한 공상이다. 과거로 거슬러 올라가서까지 시인에게
는 상황을 조금 다른 각도 또는 모순되어 보이는 식으로 평가할 자유가 주어지지
않는다.(Lydia Koelle: *Paul Celans pneumatisches Judentum. Gott-Rede und menschliche Existenz nach der
Shoah.* Mainz, 1997, 239쪽.)

1 6일 전쟁은 1967년 이스라엘과, 이집트와 시리아 및 요르단이 중심이 된 아랍연맹 사이에 일어난 제3차 중동전쟁을 말한다. 6월 5일에서 6월 10일까지 6일간 지속된 이 전쟁은 이스라엘 측에서는 '6일 전쟁'이라고 하고 있으며, 아랍 측에서는 '6월 전쟁'으로 부르고 있다. 1948년 이스라엘 건국을 둘러싼 제1차 중동전쟁 혹은 '이스라엘 독립전쟁' 이후 이스라엘과 주변 아랍국가들 간의 갈등은 계속 이어져 왔으며, 수에즈 운하 문제가 중심이 된 제2차 중동전쟁(1956) 이후로도 끊이지 않았다. 1967년 이집트가 주요 해로인 티란 해협을 폐쇄하고, 평화유지를 목적으로 시나이 반도에 주둔하고 있던 UNEF(국제연합긴급군)를 철수하게 하고 국경지대에 병력을 집결하자 이스라엘은 선제공격으로 대응한다. 이집트와 동맹을 맺은 요르단과 시리아가 개입하게 되면서 사태는 더 확산되었는데, 이스라엘의 압도적인 군사력으로 아랍연맹은 며칠 만에 참패하고 사태는 이스라엘의 승리로 끝난다. 이스라엘은 이 전쟁에서 시나이 반도, 요르단강 서안과 가자지구, 골란 고원, 그리고 예루살렘 동부를 점령하게 되었는데, 예루살렘 동부는 특히 많은 성지들이 있는 곳으로 큰 의미를 갖는 곳이다. 또한 군사적으로 중요한 지역들을 손에 넣게 된 이스라엘은 지정학적 지위를 재정립하게 되었다. 그러나 이 전쟁으로 특히 아랍연맹 쪽에 많은 사상자가 발생했으며 수많은 민간인들이 희생되었다. 시나이 반도와 가자지구는 현재 다시 반환된 상태이지만, 점령지역에서의 분쟁은 종전 후에도 오랫동안 계속되어 왔다.

2 "늪지대 병사들(Moorsoldaten)"이라는 표현은 볼프강 랑호프(Wolfgang Langhoff)의 책인 『늪지대 병사들. 집단수용소에서 보낸 13개월. 비정치적 사실보고(Die Moorsoldaten. 13 Monate Konzentrationslager. Unpolitischer Tatsachenbericht)』(1935)에서 나온 것이다. 이 책에서 랑호프는 자신의 실제 경험을 바탕으로 특히 반체제 혐의로 구속된 이들을 수용한 뵈르거모어 집단수용소(Konzentrationslager Börgermoor)의 상황을 구체적으로 묘사하고 있다. 이곳 수감자들은 강제노역으로 늪을 개간

했는데, '늪지대 병사들(Die Moorsoldaten)' 또는 '늪지대 병사들의 노래 (Moorsoldatenlied)'(1933)로 알려진 이들 수감자들이 만든 노래는 총 6연 으로 이루어져 있으며, 3연과 4연에서 특히 고향과 사랑하는 가족에 대한 그리움을 주제화하고 있다.

> 아침이면 행렬을 지어
> 일하러 늪으로 향한다네.
> 불타는 태양 아래 삽을 들지만,
> 마음은 고향을 향한다네.
> 우리는 늪지대 병사들,
> 그리고 삽을 들고 늪으로 향한다네. (3연)

> 마음은 고향으로 고향으로,
> 부모와 아내와 자식에게로.
> 가슴에서 한숨이 쉬어 나온다네,
> 여기 갇혀 있기 때문에.
> 우리는 늪지대 병사들,
> 그리고 삽을 들고 늪으로 향한다네. (4연)

3 마사다(Masada)는 이스라엘 사해 남단 쪽에 솟아 있는 거대한 바위 절벽 위에 터를 잡은 고대 왕궁이자 요새이다. 로마의 지배와 억압에 반기를 들면서 발발한 첫 번째 유대 독립전쟁(기원후 66-73년) 당시 유대인 저항 군은 예루살렘이 다시 로마군에게 넘어가고 성전이 파괴된 후에도 난공 불락의 요새로 여겨진 이곳에서 끝까지 항거했다. 그러나 몇 개월의 포위 끝에 로마군이 결국 함락에 성공할 것으로 보이자 포로가 되지 않기 위하 여 저항군과 피난민까지 모두 자살한 것으로 전해진다. 이러한 배경 때문 에 유대인들은 마사다를 오늘날까지 용기와 애국심, 억압적인 세력에 대 항하는 투철하고 고귀한 저항의 상징으로 여긴다.

4 가시왕(Dornenkönig)은 가시 면류관을 쓴 예수를 가리키는데, 여기서는 가시가 상징하는 수난과 고통이 부각된다. 시 「찬미가(Psalm)」(II, 225)에서 노래(시)의 근간이 되는 고통의 상징으로서의 가시도 함께 생각해 볼 수 있다.

5 히브리어로 일차적으로 손을 의미하는 '야드'는 문맥에 따라 장소 혹은 기념비라는 뜻이 되기도 한다. 볼락은 여기서 유대인들의 관념에서 '손'에 내포되어 있는 '장소'의 뜻을 부각하고 있다.

6 야드 바셈(Yad Vashem)은 홀로코스트의 희생자들을 추모하고 기억하기 위한 이스라엘의 국립 기념관이며, 예루살렘 '기억의 언덕(헤르츨 언덕)' 위에 세워져 있다. '야드 바셈'이라는 명칭은 이사야서 56:5에서 따온 것으로 "기념비와 이름"으로 해석되는데, 볼락은 여기서 '야드'의 본래 뜻인 '손'을 강조하고 있다.

7 기억의 장소: 우리말 성경뿐만 아니라 독일 루터 성경도 이사야서 56장 5절의 히브리어 표현 '야드(손)'를 '기념비(Denkmal)'로 옮기고 있는데, 볼락이 본 강연에서 제시하는 번역은 '야드'를 '장소(Ort)'로 옮기고 있다.

8 프란츠 부름(Franz Wurm; 1926-2010)은 유대계 시인이자 작가였으며, 여러 시 작품을 불어, 체코어 및 영어에서 독일어로 옮기기도 했다. 부름은 많은 문인들과 친분이 있었으며, 첼란과도 가까웠다.

9 볼락이 여기서 언급하는 횔덜린의 작품은 미완성 희곡 『엠페도클레스의 죽음(Der Tod des Empedokles)』으로 보인다.

프네우마의 차이

Die pneumatische Differenz

프네우마의 차이

첼란은 자신의 글쓰기 방식의 근간을 찾아 나섭니다. 이는 꼭 이론적 관심은 아니지만, 내적 분석도 창조 과정의 중요한 일부를 차지한다는 차원에서 갖는 관심입니다. 예술의 성립 조건에 대한 성찰이 구체적인 프로젝트의 실현과 분리될 수 없는 것은, 정도가 조금씩 달라도, 모든 위대한 예술의 특징인 것 같습니다. 시 문학은 실험적이고, 그로 인하여 자기 자신을 대상으로 다룹니다. 첼란의 경우, 이 경향이 특히 두드러지며, 그것은 그가 주목한 어떤 쇠퇴와 밀접하게 연관되어 있습니다. 시 문학은 자신을 안에서부터 열어 보이고, 그렇게 함으로써 근원과 독자성이 같은 곳에서 만나게 되는 추상적 지점에 도달하게 됩니다.

우선 순수히 프네우마(pneuma)[1]적이고 리듬이 주도적인 초기 작품에서도 이미 '물러서다(hält sich zurück)'가 '추동하는(abstoßen)' 움직임이 나타납니다. 이 이중적 움직임의 박자는 해방적이며, 다음 단계에서 나타나는 성찰적이고 지성적인 순간들도 그러합니다. 부정(否定)이 선취되어 있는 것입니다. 시작(始作)이라는 것은 어떤 식으로든 그 자체로서 두드러지기 때문에, 시작 자체가 이미 차별화되어 있는 것이 아닌가하는 생각이 듭니다. 거꾸로 본다면 이후 나타나는 모든 현상들은 마찬가지로 언제나 물러서면서 대조를 이루는 이 초창기 리듬의 특성으로부터 파생된 것으로 볼 수 있습니다. 숨이 갖는 고유한 구조가 유지되는 것입니다. 이는 수많은 다른 원리에 비해 뛰어난 구성력을 입증했습니다.

그렇기 때문에 첼란은 시는 만들어지는 것이 아니며, 어떠한 형태로든 생산되거나 제조되는 것도 아니라는 입장을 고수할 수 있었습니다. 「자오선(Der Meridian)」 관련 자료들을 보면 그가 이를 고집하고 있다는 것을 알 수 있습니다.* 여기서 첼란에게 중요한 것은 글을 만들어내는 것도 글을 다듬어

---

* Materialien zum *Meridian*, TCA, Nr.302, 113쪽.

완성하는 것도 아니며, 무엇보다도 더 근원적이고 앞서는 시적 표현력의 장입니다. 시적 구성이 갖는 의미나 언어의 자율성도 논의의 대상이 되지 않습니다. 그렇다는 결론을 낸다면 그것은 대단한 오해입니다. 시인이 중요시하는 것은 "숨"이며, 프네우마의 영역입니다. 이것이 절대적으로 앞섭니다. 그리고 그것이 갖는 힘과 열려있음은 자유로운 조합을 가능케 하는 전제조건이며, 이로써 의미의 조건이 되기도 합니다.

첼란이 예술을 반대했음에도 불구하고(「자오선」 자료 중예술에 반대하는 것과 관련된 메모를 모은 항목이 있습니다), 예술은 그에게 여전히 중요합니다.—예술의 개념을 '만들기(Machen)' 또는 '만들 수 있음(Machbarkeit)'을 중심으로 이해하는 데 그치지 않는다면 말입니다. 예술 개념의 의미를 확대한다면 첼란의 시 작품에서 본질적인 낱말의 결합법(Wortfügung)과 통사 구조의 측면도 함께 고려할 수 있게 됩니다. 섭리에 따른다는 뜻을 내포하는 "짜맞춤(Fügung)"이라는 말은 어순을 가리키는 그리스 용어 "하모니아(harmonia)"를 현대적 구성원리에 맞게 옮긴 것입니다. 시인의 관점은 어떠한 언어 관습이나 "코이네(Koine)", 즉 어떠한 공용어와도 엮이지 않습니다. 말 그대로의 의미가 갖는 자유는 새롭고 고유한 말 조합들을 만들어내는 자유에 상응합니다.* 의미는 개인적인 의미로 변하고 언어재료에 새겨집니다. 단어들은 다른 의미로 사용 가능해지며, 이러한 측면에서 분명해지고 이에 따라 해석 가능해집니다. 이러한 전제들을 고려하지 않을 때, 시 해석은 그야말로 자의적인 것이 됩니다.**

 첼란과 하이데거의 관계를 다소 적절치 못하게 규명한 [하이데거 연구자] 아드리앙 프랑스-라노르(Hadrien France-Lanord)의 연구***를 접할 때, 첼란의 "예술 반대"는 첼란 자신이 뷔히너상 연설에서 뚜렷이 부각시킨 예술의 '인공성(Künstlichkeit)'과 관련 있음을 강조할 필요가 있습니다. 개인의 인격을 중요시하는 시각에서는 인공성과 구별되는 어떤 다른 능력이 부각되는데, 이는 프네우마적인 창작과 인공적

---

* 같은 곳 Nr.663, 170쪽 참조.

** 아름다움이 진리 안에 있지 않고, "말해진 것, 말이 된 것의 **문자 그대로의 의미**(*Buchstäblichkeit* des Gesagten, Wort Gewordenen)"에 있지 않다고 믿는 해석자들에 대해서는 같은 곳 Nr.671, 171쪽 참조. 첼란은 다음과 같이 썼다. "이들은 그것이 말이 되길 원하지 않는다(sie wollen es nicht Wort haben)."—말이 되길 원하지 않고 진실이기도 원하지 않는다(nicht Wort und nicht wahr).

*** Hadrien France-Lanord: *Paul Celan et Martin Heidegger. Le sens d'un dialogue*, Paris 2004, "권모술수와 효과의 지배(La machination et le règne de l'efficience)"에 대한 장, 136-142쪽.

인 창작의 방식이 상당히 비슷하다는 데서 생겨나는 문제입니다. 인공적인 것은 비인격적인 측면이 있는 반면에, 「악수(Händedruck)」와 같은 시는 그러한 비인격성에 대립합니다. 여기서 오토 푀글러(Otto Pöggeler)를 비롯한 여러 해설자들이 '기예(Artistik)'라고 칭한 숙달된 언어적 기교는 두 개념에서 똑같이 발견됩니다. 첼란은 "수-작업(Hand-werk)"의 새로운 근원을 개인성에서 찾고자 했습니다. 그는 한스 벤더(Hans Bender)[2]에게 보내는 두 번째 편지에서 자신이 주목하게 된 현상에 대해 말하는데,* 그것은 "만들기(Machen)"["포이에인(poiein)"]가 개인의 인격이 더 이상 개입하지 않는 "생산하기(Fabrizieren)"로 변모하고 종국에는 그저 "권모술수(Machenschaft)"로 전락하는 과정에 관한 것입니다. 인격은 자신이 언어의 흐름에 생각 없이 이끌려가는 것을 막아줍니다. 존재론적 근원에서 바라볼 때 언어는 존재를 지배합니다.[3] 그러나 자유는 자신에게 충실합니다.

첼란은 시인 르네 샤르(René Char)[4]에게 불어로 쓰고 결국 보내지 않은 한 편지에서 이 시인과의 거리를 전제하

---

*   GW III, 177쪽 이하.

고 있습니다.* 첼란의 관점에서 이 거리는 '다가가기(Auf-etwas-Zugehen)'와 '거리두기(Abstandnehmen)'의 이중적 움직임으로 이루어진 "만남(Begegnung)"과 결부되어 있습니다. 뷔히너상 연설에 따르면 시를 만드는 과정은 이러한 만남에 의하여 재규정됩니다. 숨 자체는 모든 사람에게 공통되는 것이지만, 숨은 언어에 새겨진 리듬을 각기 다르게 형성하는 특성이 있습니다. 근원은 본질적인 먼 곳으로 투영되는데, 첼란은 그곳을 "미지의" 먼 곳이라고 합니다. 어떤 '바깥(Draußen)'이 그것이 갖는 부정하는 능력에 의해 대립극이 됩니다. 이 극점에서 나오는 끌어당기는 힘은 언어에 내재하는 한계를 부숩니다. 이와 구분되는 두 번째, 보다 성찰적인 단계에서 첼란은 "침묵하는 생각(stummer Gedanke)"이라는 표현을 사용합니다. 침묵은 계보를 따지자면 죽음의 세계, 그리고 지난 것을 기억 속에서 상기하는 것에서 유래합니다. 침묵은 프네우마의 리듬에서 생겨나는 빈 간격을 채웁니다. 비판적 거리는 두 번 갈라놓습니다. 거리로 인해 '분석하게(auseinanderlegen)'하고 '대꾸하게(entgegnen)' 됩니다. 일반적으로 어떤 '판단(Urteil)'으로 보였을 것이 첼란의 시에서

---

*   Barbara Wiedemann (Hg.): *Paul Celan—Die Goll-Affäre. Dokumente zu einer "Infamie"*. Frankfurt am Main 2000, 573-577쪽.

는 헌신적이고 참여적인 "결정(Entscheidung)"으로 나타납니다. 그 결정은 어떤 "결단(Entschluß)"을 내포하고 있으며, 어떤 선택에 기반을 둔 것입니다. 이와 같은 의미론적 역학 속에서 시의 '정밀성(Präzision)'이 갖는 구별의 힘은 바로 공감에 바탕을 두는 어떤 동일시의 양식에 기반을 둡니다. "공감"을 통해 주체는 자신을 언어재료의 대상과 동일시하는데, 그것은 어떤 면에서 이미 정해져 있는 동일시입니다. 이루어지는 접속(Konjunktion)은 시인이 역사에 발 딛고 선 자기이해에 따라 선택한 입장에 상응합니다. 그 입장은 이를 토대로 한 예술행위에서도 계속 유효합니다. 인생은 "그저 살면서 쌓이는 것(angelebtes)"이 아닙니다. 넬리 작스는 기존의 견해들로부터 자유로워지지 않았기 때문에 첼란은 그녀의 시 문학은 그렇게 '살면서 쌓여 온 것'으로 보았던 것입니다. 떨어져 있는 두 개의 순간이 서로를 보완합니다. 분리하는 거리 자체는 절대적이지 않지만, 결코 가늠할 수 없습니다. 거리는 사라지지도 않고, 끝이 보이지도 않습니다. 거리는 침투하고 넘쳐흐르는 음(Töne)의 질료를 [저는 그것을 "밀려오기(Anströmen)"라고 표현한 적이 있습니다*] 조형하고 조정

---

*   Jean Bollack: *Paul Celan. Poetik der Fremdheit*. Wien 2000, 261쪽 이하.

하는 능력이 있습니다. 숨쉬기의 긴장에서 나타나는 리듬이 한 영역에서 다른 영역으로 전도되면서 종국에는 '인격을 갖춘 개인(Person)'도 자신을 숨에 맡길 수 있으며 자신의 생각과 함께 숨을 타게 됩니다.

1 프네우마(pneuma)는 숨, 호흡, 공기, 기(氣), 정신 그리고 영(靈)을 어우
르는 개념이다. 그리스어에서 유래하는 이 개념은 본래 숨과 맥에 작용
하는 생명력을 지칭했는데, 헬레니즘 시대에 정신적인 특성이 부각되었
다. 또 기독교에서 수용되면서 성령을 말하는 표현으로 사용하게 되었다.
볼락은 '프네우마' 개념을 통해 첼란의 시론을 설명하는데, 프네우마의
'숨'에 내포되어 있는 '생명'과 '생동'뿐 아니라, 숨의 들숨과 날숨의 수축
과 이완으로 이루어지는 리듬과 역동성에도 주목한다. 그는 첼란의 시에
서 보이는, 대상에게 다가가면서도 동시에 거리를 취하는 태도를 이러한
'숨'의 이중적 원리를 통해 해석한다.(프네우마의 시론적 의미에 대해서
는 옮긴이의 해설도 참조.)

2 한스 벤더(Hans Bender; 1919-2015)는 독일의 전후작가로 많은 소설과
시를 남겼으며, 잡지 편집자로 활동하기도 했다.[한국에는 『늑대가 돌아
온다(Die Wölfe kommen zurück)』(최석희 옮김, 북스토리, 2003) 등이 소
개되어 있다.] 그는 시 모음집 『나의 시는 나의 칼이다(Mein Gedicht ist
mein Messer. Lyriker zu ihren Gedichten)』(1964)에 첼란이 그에게 보낸 편
지(III, 177쪽 이하.) 한 편을 함께 실었는가 하면, 첼란의 시 「……샘물은
좔좔 흐른다(……rauscht der Brunnen)」(I, 237)에서는 벤더의 시 모음집
이 상기되기도 한다. 볼락은 강연문에서 첼란이 벤더에게 보낸 편지의 내
용을 상당 부분 상기시키고 있다.

3 하이데거의 존재론적 언어관에 대한 비판.['유대인의 독일어' 장의 '하이
데거와 첼란의 언어관'에 대한 옮긴이 주(2번, 54쪽) 참조.]

4 르네 샤르(René Char; 1907-1988)는 프랑스 시인으로 독일 국가사회주
의와 이탈리아 파시즘에 저항하는 프랑스 레지스탕스에 가담했다. 샤
르는 초현실주의 운동에 참여하다가 결국 다시 거리를 취하게 되었는
데, 엘뤼아르(Paul Éluard)와 카뮈(Albert Camus)를 비롯하여 피카소

(Pablo Picasso)와 미로(Joan Miró)와도 친분이 있었다. 첼란은 저항을 주
제화하고 있는 샤르의 산문시집 『히프노스의 마키아숲 기록들[Hypnos:
Aufzeichnungen aus dem Maquis(원제; Feuillets d'Hypnos)]』(1946)을 독일
어로 옮겼다.

비인간성의 할례: 시 「문 앞에 서 있던 어떤 이에게」

Beschneidung der Unmenschlichkeit: das Gedicht Einem "der vor der Tür stand"

비인간성의 할례: 시 「문 앞에 서 있던 어떤 이에게」

시집 『아무도 아닌 자의 장미(Niemandsrose)』에 실려 있는 시 「문 앞에 서 있던 어떤 이에게(Einem, der vor der Tür stand)」*는 분명히 매우 어려운 텍스트이며, 잘못된 결론을 내리거나 그렇지 않더라도 아포리아에 머물기 십상입니다.

문 앞에 서 있던 어떤 이에게, 어느 날

저녁에:

그에게

---

* GW I, 242쪽 이하.

나는 내 말을 열어주었네—:

괴물아이에게로 그가 터벅터벅 걸어가는 것을 보았네,

모—

자라는, 그

군노(軍奴)의 오물이 묻은 장화 속에서

태어난 형제에게로, 그

피범벅이

하나님의

성기를 가진, 그

짹짹거리는 작은 사람에게로.

시의 서두에서 "어떤 이에게(Einem)"라고만 하고 더 이상
규정되지 않는 인물을, 이어서 화자인 '나'가 말을 걸게 되는
랍비 뢰브(Rabbi Löw)[1]와 동일한 인물로 보는 방법이 시를 이
해하기 위한 첫 걸음이 될 수 있습니다. 여기서 랍비 뢰브는
첼란의 시에서 대개 '너'로 나타나곤 하는, 글 쓰는 주체의 한
대변인으로 볼 수 있습니다. 이렇게 보면 시적 화자의 "말"은
시에서 매번 새로 형성되는 어떤 세계의 영역을 가리키게 됩
니다. 이 구도 안에서 프라하의 율법학자[랍비 뢰브]는 첼란

이 이 독일시(詩) 안으로 끌어들이는, 본래 유대교적인 어떤 정신성(Geistigkeit)을 상징하게 됩니다. 또한 랍비의 등장은 한편으로는 유대인들이 역사적으로 집단말살 수용소의 흉물스럽고 학대받고 저주받은 존재들로밖에 형상화되지 못한다는 성찰에 근거하기도 합니다. 이 맥락 안에 머문다면, 첼란이 뤼트뵈프(Rutebeuf)[2]의 「애가(La Complainte)」에서 따오고 초고의 제목으로 사용한 구절 "내 친구들은 어떻게 되었는가"*는 죽은 유대인들을 가리키는 것으로 보입니다. 어떤 이가, 아무나가 아니고, 더 이상 존재하지 않는 이들 중 한 명**이 돌아올지도 모릅니다. 이는 첼란의 언어로 부활을 의미하고, 그런 이가 다른 이들을 죽음의 나라로부터 (그리고 죽어 있음으로부터) '제 모습으로 되돌려 놓는(zurechtbiegen)' 것이 가능할지도 모릅니다.*** 나중에 수정된 원고들에서 이 인

---

* "Que sont mes amis devenus?" Paul Celan: *Die Niemandsrose*. TCA. Frankfurt am Main 1996, 64쪽 참조.

** *Paul Celan—Die Goll-Affäre*, 809쪽 이하, 323번째 자료에 실려 있는 시 번역 참조. 첼란은 뤼트뵈프의 장시(長詩) 중에서 109-114행을 번역했는데, 번역된 구절의 마지막은 다음과 같다: "남은 것, 아무 것도 없다(nichts, das da blieb)." 이 번역이 드러내는 의미 차원은 첼란에게서 자주 그러하듯이 매우 극단적이며, [골 사건으로 인해] 변해버린 상황을 반영한다. 비데만은 271번 자료(「문 앞에 서 있던 이에게」, 760-762쪽)와 관련하여 초기 원고에 인용한 이 구절이 첼란을 등지고 떠난 친구들[이를테면 롤프 슈뢰어스(Rolf Schroers) 그리고 클라우스 데무스(Klaus Demus) 등]과 직접적인 관련이 있다고 보는데, 이 의견은 맞지 않다.

*** *Die Niemandsrose*, TCA, 64쪽 참조. "어떤 이가—어쩌면 / 어떤 이가 오네, 어쩌면 /

물은 랍비가 됩니다. 랍비는 "괴물아이"에게로 걸어가며, 이
제 스스로도 "터벅터벅"거리고, 불구자와 스스로 같아지며,
닮아 갑니다. 랍비는 꼭 르네상스 시대의 파우스트와 같은
인물을 나타내는 것은 아닙니다. 랍비는 이를 넘어 전통을
형상화하고, 그러면서 유다의 사자(Löwe Judas)[3]를 상징하는
어떤 인물을 나타내는 것일 수도 있습니다.*

이 시를 어떻게든 이해하고자 애쓰는 해석자는, 「자오선」

다시 오는가?(Einer—vielleicht / kommt einer, vielleicht / kommt er wieder?)"(부활), 그
리고 한 초안의 두 번째 연은 "어떤 이가 / 오는가?(Welcher / kommt?)"로 되어 있었
는데, 이후 원고에서는 이 시작 부분이 생략되었다.

* 최근에 어떤 일본인 학자는 들여보내진 이가 독일성(Deutschtum)의 대변자로
봐야 하고, 그가 만나는 끔찍한 형상들은 첼란의 시에서 사용된 언어의 양식들로
봐야 한다는 가설을 세웠다. 시인은 비꼬면서 기괴한 방식으로 자신이 받은 공격
을 표현하며, 궁극적으로는 자신에게 위해를 가하려는 서구세계에 등을 돌리고 "아
침문(Morgentür)"의 동양 세계에서 구원을 찾고자 하려는 결론에 다다른다는 것이
다(Hideo Kaneko: "Reiß die Ostentür auf". Über Paul Celans 'Einem, der vor der Tür stand', in: Celan-
Studien. Hg. von der Japanischen Paul Celan Gesellschaft, Nr.5, 2003, 26–49쪽; deutsche
Zusammenfassung 49–50쪽). 이 시각은 첼란이 자신을 배반한 친구들을 조롱하고 있
다는 바바라 비데만의 널리 알려진 시각을 정치적 측면에서 거시적으로 확장하고
뒤집는다. 비데만은 시의 내용을 골-사건 때의 상황에 대한 반응으로 이해하기 때
문에, 시의 의미를 매우 제한하고 다른 해석을 거부한다(각주 29 참조). 비데만은
"괴물아이(Kielkropf)" 등과 같은 호칭들은 칼 슈미트(Carl Schmitt)를 비롯한 반유대
주의자들을 가리키는 것으로 보고, 시에서는 화자가 말을 건네는 상대가 이들 반
유대주의자들과 동행하는 것을 끝내 단념하리라는 어떤 희망이(3연의 "살아 있음
(Lebendigkeit)"이) 나타난다고 말한다. 페터 호르스트 노이만의 조심스러운 해설과
같은 시도는 적어도 아포리아들을 밝혀줌으로써 텍스트 해석에 도움을 준다(Peter
Horst Neumann in: Jürgen Lehmann und Christine Ivanović (Hg.): Kommentar zu Paul Celans 'Die
Niemandsrose', Heidelberg 1997, 173–177쪽).

자료들을 보면, 첼란이 "바꿔친 아이(Wechselbalg)"를 다른 말로 가리키는 다소 생소한 말 "괴물아이(Kielkropf)"를 사용할 때[4] 포악한 병정들의 학대로 끔찍한 몰골을 하게 된 인물들을 생각했다는 정보를 얻을 수 있습니다.* 남은 것은 이들이며, 이들이 시인의 유일한 기준이 됩니다.

문 앞에 서 있던 어떤 이에게, 어느 날

저녁에:

그에게

나는 내 말(言)을 열어주었네—:

괴물아이에게로 터벅터벅 걸어가는 것을 보

았네,

---

* Materialien zum Meridian, Nr.400, 128쪽 참조. "만델(아몬드) 눈의 아름다운 여인이 흘리는 눈물만 따라 흘릴 준비가 된 자는 그녀도 죽이는 것이다 (…) 너는 너의 가장 개인적인 고통과 함께 트레블링카와 아우슈비츠 그리고 다른 곳의 매부리코의 웅얼거리는 꼽추등이 괴물아이 같은 죽은 이들 곁으로 갈 때 비로소 눈, 그리고 눈의 에이도스인 '만델(아몬드)'과도 마주하게 된다 [Wer nur der Mandeläugig-Schönen die Träne nachzuweinen bereit ist, der tötet auch sie [...] Erst wenn du mit deinem allereigensten Schmerz zu den krummnasigen, bucklichten und mauschelnden und kielkröpfigen Toten von Treblinka, Auschwitz und anderswo gehst, dann begegnest du auch dem Aug und seinem Eidos: der Mandel"](Nr.394-397, 127쪽 그리고 Nr.410-412, 130쪽도 참조). 눈은 의미를 부여하는 힘을 나타내는 것이며, 만델(아몬드)은 이 힘에 깊이 내재하며 형태를 규정하는 형상을 나타낸다.

모—

자라는, 그

군노(軍奴)의 오물이 묻은 장화 속에서

태어난 형제에게로

피범벅이

하나님의

성기를 가진, 그

짹짹거리는 작은 사람에게로

랍비여, 나는 이를 악물며 불렀네, 랍비

뢰브여:

이자에게

말에 할례(割禮)를 해주게,

이자에게

살아 있는 무(無)를

마음에 새겨주게,

이자에게

굽은 불구 손가락

두 개를 펴주게,

구원을 내리는 말씀을 위해.

이자에게.

....

저녁문도 닫아버리게, 랍비여.

....

아침문을 열어젖히게, 라– –

EINEM DER VOR DER TÜR STAND, eines

Abends:

ihm

tat ich mein Wort auf—zum

Kielkropf sah ich ihn trotten, zum

halb–

schürigen, dem

im kotigen Stiefel des Kriegsknechts

geborenen Bruder, dem

mit dem blutigen

Gottes-

gemächt, dem

schilpenden Menschlein

Rabbi, knirschte ich, Rabbi

Löw:

Diesem

beschneide das Wort,

diesem

schreib das lebendige

Nichts ins Gemüt,

diesem

spreize die zwei

Krüppelfinger zum heil-

bringenden Spruch.

Diesem.

....

Wirf auch die Abendtür zu, Rabbi.

....

Reiß die Morgentür auf, Ra- -

　시인은 그러한 현실 속으로 힘겹게 발을 내딛고자 애쓰고 있습니다. 자료화 작업 덕에 이 존재의 정체는 밝혀진 것이나 다름없습니다. 이 기형적인 존재는 바로 유대인입니다. 거친 소리를 내는 "괴물아이(Kielkropf)"의 "k"와 "kr"은 해석의 열쇠가 됩니다.[5] 첼란은 '정신의 유대인'을 '게토와 빈민가의 유대인'과 결합하고 있습니다. 그런데 독일문학에 조예가 깊은 사람이라면 "괴물아이 같은(kielkröpfig)"이라는 말에서 괴테의 『파우스트』 2부에 나오는 "어두운 회랑(Finsteren Galerie)" 장면과 여기서 등장하는 마녀의 세계에 대한 묘사를 떠올릴 수 있을 겁니다.* "쩍쩍거리는 작은 사람

---

* 『파우스트』 2부 1막, 어두운 회랑; 메피스토펠레스: "마녀들의 희롱과 유령들의 허상, / 괴물아이 같은 난쟁이들은 바로 대령해 드리지요;[(…) Mit Hexen-Fexen, wie Gespenst-Gespinsten, / Kielkröpfigen Zwergen steh ich gleich zu Diensten; (…).]" 이 연관성은 친우 아르나우 폰스(Arnau Pons) 덕에 주목하게 된 것이다.

(schilpenden Menschleins)"으로 나타나는 피조물적인 형상은 실험실 장면과 호문쿨루스(Homunculus)의 탄생을 떠올리도록 촉구하기 때문에 그 단서를 그저 우연한 것으로 치부할 수만은 없습니다.* 희곡작품에서 연금술사의 플라스크였던 것이 시에서는 중세적인 "군노(Kriegsknechts)"의 오물 묻은 장화로 바뀌었습니다. 피조물은 그 속에서 흉물이 되었습니다. 억압받고 흉물이 된 이 존재에게 유일하게 남은 것은 할례를 받은 "성기(Gemächt)"의 피이며, 이와 같은 할례가 행해진 어떤 말하기입니다. 할례가 행해진 말하기가 표방하는 인간성은 퇴행 속에서도 저항하고 자신을 관철하고자 합니다. 이는 시인의 요구에 따라 유대인의 지식을 상황에 맞는 방식으로 전달하기 위하여 랍비가 불구자에게 다가갈 때 제시되는 언어재료입니다.

『파우스트』의 '호문쿨루스 장면'이 갖는 연관성을 진지하게 받아들인다면, 이로부터 플라스크에서 군화에 이르게 되는 과정의 문학사적 계보를 그려볼 수 있습니다. 이 계보

---

* 『파우스트』 2부 2막, 실험실; 바그너: "아담한 형상이 보이네 / 얌전한 작은 사람이 움직이는 것이/ (…) / (…) 비밀이 (…) / 목소리가 되고 언어가 되고 있네[Ich seh in zierlicher Gestalt / Ein artig Männlein sich gebärden / (…) / (…) das Geheimnis (…) / wird zur Stimme, wird zur Sprache."]

사적 진실과 엮여 있는 어떤 결정적인 행로를 보여주는 것이
전부입니다. 의례(儀禮/Kult)은 어떤 형태이든 간에 어떤 것
도 이루어내지 못합니다. 그리하여 시의 말미에서는 랍비에
게 저녁문을 닫으라는 명이 내려집니다. 이는 익숙한 옛것을
고수하는 사람들을 자기들끼리 어울리도록 내버려 둔다는
것을 뜻합니다. 유대교의 개혁 역시 아무리 근거가 있다고
할지라도, 사실 그 이면을 들추어 보면 신화적이고, 성찰되
지 않고, 불가능한 것의 특징을 그대로 간직하고 있습니다.

....

저녁문도 닫아버리게, 랍비여.

....

아침문을 열어젖히게, 라- ―

　시 전체의 의미는 시의 끝에서, 네 개의 단계들 중 마지막

단계에서 드러납니다. 확고한 유대교 믿음의 구원과 안전은 환상에 불과하고, 마지막 구절에서 그것을 넘어서는 다른 미래가 지향됩니다. '모순을 이루면서 저항적 말하기를 하도록 (zum Widerspruch)' 할례가 행해진 언어는 어떤 참다운 종교적 글귀가 되거나 '구원적 치유(Heilung)'가 될 수 없습니다. 도래하는 아침의 저편에서 랍비는 그의 명명(命名)이 보여주듯이 온전하지 못하고 분열된 자입니다. 랍비에게는 오직 "라-", 이름의 첫 음만 남게 됩니다. 진리는 온전하지 못하고 할례의 칼날이 가해졌습니다. 진리는 두 동강 나면서 비로소 진리가 됩니다. 한 쪽은 다른 쪽, 즉 부정된 쪽과 연결되는데, 부정된 쪽이 선행합니다.

1 랍비 유다 뢰브(Rabbi Judah Löw)는 16세기 프라하에서 활동한 저명한 랍비였다. 그는 탈무드와 카발라 해석뿐만 아니라 철학에도 식견이 있는 위대한 학자이자 사상가, 개혁가였다. 그는 또한 유대교 신비주의의 한 대표자로서 진흙으로 골렘을 만들었다는 설이 전해진다.(랍비 뢰브는 유대인들을 박해와 모함으로부터 보호하기 위해 골렘을 만들었다고 하는가 하면, 단지 예배의식을 돕기 위하여 만들었다고만 전해지기도 한다.) 골렘(Golem)은 히브리어로 "형체 없는 질료"를 뜻하는데, '완성되지 않은 사람' 또는 '태아'라는 뜻도 있다. 골렘은 하느님이 아담을 창조했듯이 진흙으로 빚어 만들고, 하느님의 입김 대신에 하느님의 '이름(Schem)'을 적은 쪽지를 혀 밑에 두어 생명을 불어넣었다고 하는데, 안식일에는 그 쪽지를 다시 거두었다. 또 다른 설에 따르면 랍비는 '진리'를 뜻하는 글자 תמא[EMETH]를 이마에 붙이는 것으로 생명을 얻었다고 하는데, 그 앞 글자를 떼면 '죽음'을 뜻하는 תמ[METh]이 남으면서 골렘은 생명을 잃고 흙으로 돌아갔다고 한다.(히브리어는 본래 오른쪽에서 왼쪽으로 표기하나, 본 책에서는 편의상 왼쪽에서 오른쪽으로 표기함) 시「문 앞에 서 있던 어떤 이에게」는 이러한 골렘 설화와 관련해서 해석되곤 한다. 기형적인 핏덩이와 같은 형체는 골렘을 연상하게 하며, 말(Wort)에게 할례를 행하는 행위는 골렘에게 생명을 불어넣는 '진리의 말'에서 앞 글자를 떼어내듯이 말을 자르는 행위로 해석될 수 있다.

2 뤼트뵈프(Rutebeuf)는 13세기 프랑스 작가이다. 뤼트뵈프라는 필명은 '거친 황소(rude boeuf)' 그리고 '거친 작품(rude oeuvre)'을 뜻하는 말에서 따와 합성한 것으로 자신의 작품이 갖는 공격적이고 거친 태도를 빗댄 것이다. 뤼트뵈프는 오늘날 프랑스 문학사의 매우 중요한 작가로 평가받고 있으나 당대의 인정은 받지 못했다. 생애에 대해서는 작품을 통해 알려진 단편적인 사실들만 전해진다. 그의 작품들은 매우 다양한 장르를 넘나드는데, 풍자적인 작품들이 두드러진다.

3 유다의 사자: 사자와 유다의 결부는 토라(Torah) 혹은 모세5경(창세기 49:9)에서 이스라엘의 족장인 야곱이 아들 유다에게 축복을 내릴 때 아들 을 '어린 사자'라 칭한 것에서부터 유래한다. 사자는 그 후 유다 지파의 상 징이 되었으며, 나아가 유대 민족의 상징으로 확대되었다. 독일어로 사자 를 뜻하는 '뢰베(Löwe)'는 이디시어(Yiddish; 독일어를 바탕으로 히브리 어 요소가 섞인 유대인 민중어)로 '뢰브(Loew)'라고 하는데, 랍비 유다 뢰 브라는 칭호도 유다라는 이름과 사자가 결합되어 있는 형태이다. 유대교 에서 '사자'와 '유다'는 거의 동의어와 같이 사용될 정도로 밀접하게 연 결되어 있는데, 이러한 사자의 상징성은 볼락이 랍비 뢰브를 유대 민족 의 한 대표자로 해석하는 근거가 되고 있다.(기독교에서 사자는 누가복음 5:5에 근거하여 그리스도의 상징으로 사용되고 있다.)

4 "바꿔친 아이(Wechselbalg)"와 "괴물아이(Kielkropf)"는 둘 다 기형아를 가리키는 말이다. 독일의 옛 민간신앙에 따르면 기형아는 원래의 아기와 바꿔치기가 된 악령 혹은 악마의 자식으로 여겨졌다. "바꿔친 아이"라는 말은 아이가 바뀌었다는 것이 부각되는 반면에, "괴물아이"는 기형적인 외모가 부각되는 표현이다.

5 히브리어 알파벳에서 'k'에 해당하는 글자 'ק(코프; Qoph)'는 카발라에서 태양과 마음, 즉 신적인 것과 정신적인 것과 결부된다고 할 수 있다. 'kr'에 해당하는 글자로 표기되는 'קר(코르; Kor)'는 히브리어로 '추위'를 의미 하는데, 볼락은 '추위'를 '게토와 빈민가'의 현실과 연결짓는 것으로 보인 다.

6 살아 있는 무(無): '어떤 인간성' 장의 '무'와 관련된 옮긴이 주(4번, 149 쪽) 참조.

발견한 자유

Eine vorgefundene Freiheit

발견한 자유

　　첼란의 자기이해와 창작은 17세기와 18세기까지 거슬러
올라가는 문학적인 반대운동[계몽주의 문학][1]을 계승하고
있습니다. 그는 그것이야말로 독일의 진정한 본래의 과거 문
화로 여길 수밖에 없었습니다. 그것은 포기되어서는 안 될
어떤 것—비신화적인 비판적 이성—이 신화적 근원의 자리
를 대신한 것이었습니다. 새로 일구어진 이 자유의 유산은
시대가 바뀌는 동안 계속된 반대에 부딪치고 마침내 배반당
하고 말았지만 말입니다. 이 지성적 운동의 확립은 유대인들
이 서유럽, 특히 독일어권 사회에 편입되기 시작한 시기와
맞아 떨어졌습니다. 계몽운동으로서의 하스칼라(Haskalah)[2]
는 이미 유대교가 내적으로 발전하기 시작한 단계까지 도달

했습니다, 그리고 이는 인종에 매여 있는 집단적 생활양식을 깨는 데에 일조했습니다.

이 움직임이 성공하면서 동구권에서는 독일 혹은 독일어권이 유대인들이 생활하게 된 [정신적] 공간이 되었습니다. 그것은 첼란의 세계이기도 했습니다. 그는 이 세계의 언어를 사용하면서 성장했습니다. 가정환경과 학교생활을 비롯한 생활환경은 이 세계와 언어로부터 분리될 수 없습니다. 그런데 첼란은 바로 이 때문에 개인적인 인격과 그러한 인격의 자유에 속하는 영역을 주변의 관습들로부터 철저히 구분했습니다. 그는 연관 맺고 있는 모든 것을 의심하고 고립되는 쪽을 택했습니다. 고립은 자신을 형성시킨 환경 안에서 비판적 태도를 유지하는 조건이 되었습니다. 그는 이후, 실제로 서구권으로 가게 된 뒤로도, 그 '해방의 시대'에 매달렸습니다. 그 시대는 그에게 보다 깊은 뜻에서 우선하는 것이었으며, 그 누구도 단념해서는 안 될 그런 것이었습니다. 첼란은 시에서 세속세계와 교회의 지배가 갖는 권위를 거듭 전복했습니다. 홀로 서 있는 자의 시각에서 이는 "다른" 독일이라기보다는 본래의 독일이었습니다. 해방운동이 지속되는 한, 심지어 히틀러 그리고 첼란 자신에게 이르기까지, 그 본래의

독일은 존재했으며, 지성의 영역이나 일반 정신의 영역에서
계속해서 억압에 저항하는 것이 가능했습니다.

    첼란이 유대인들과 그들에게 전승되어 온 고유의 성서 및
탈무드(Talmud)에 대해 가지고 있는 유대감은 그대로 받아
들인 것이 아니라 신중하게 재고된 것입니다. 유대인들에 대
한 첼란의 유대감이 갖는 의미는 어떤 중심적인 해방의 순간
에서 비롯되는데, 이는 첼란의 자기이해의 토대가 되며, 유
대인 박해도 올바른 시각에서 바라볼 수 있도록 해줍니다.
부정하는 정신으로 특징지어지는 반대운동으로서의 계몽은
실질적인 문화로 발전하게 되었고, 이러한 움직임을 아우르
는 사조(思潮)로서의 의미를 갖게 되었습니다. 괴테[고전]보
다는 레싱[계몽]이, 자연에 대한 인식보다는 개별적이고 특
수한 것에 대한 인식[3]이 우선시되었습니다. 첼란 자신이 끊
임없이 강조했듯이 그는 언제나 "자신의 문제로" 말했으며,
당시 어떤 시인에게 기대되었던 것보다도 더 이성적으로 말
했습니다. 유대인으로서의 첼란의 정체성은, 다시 말해 그의
예속적이지 않은 귀속은 흔히 생각하는 틀이 잡혀 있는 그런
유산이 아닙니다. 대부분의 사상이 모두 어떤 전통에 근거하
듯이, 첼란이 이어받은 유산은 전승된 다른 것들과 마찬가지

로 전통에 속합니다만, 그것과 곧장 일치하는 것은 아니었습니다. 첼란은 밖에 서서 유대인으로서의 정체성이 자신에게 어떤 의미를 갖는지 질문했습니다. 그는 유대인의 정체성에 대하여 자신은 무엇을 말하고자 하는지 고민했습니다. 그리고 자신의 유대인으로서의 정체성을 새로 고안했습니다. 그는 유대인의 정체성이 자신에게 어떤 의미를 갖는지, 자신이 새로 고안한 유대인의 정체성이 어떤 것인지 시에서 표현합니다. 그는 앞으로 나아가면서 유대인의 정체성이 갖는 의미를 낱낱이 살폈으며, 자신이 다른 이들과 자기 자신을 대할 때 오는 어려움을 통해 유대인의 정체성을 재고했고 새롭게 정의했습니다.

첼란이 독일어를 역사적으로 이해하고 자기 것으로 만든 만큼, 그 언어는 내부로부터, 그 진정한 전통으로부터 계몽되고 또한 그러한 기호 아래서 참여적일 수밖에 없는 것이어야 했습니다. 첼란의 입장은 역사철학과도 다르며, 신화적인 면도 없습니다. 이러한 점에서 발터 벤야민(Walter Benjamin)의 입장과 대조됩니다. 비슷한 견해를 가지고 있었다 하더라도, 벤야민의 경우 신화나 신학이 자주 개입합니다.

첼란은 누구나 그렇듯 처해 있는 상황에서 출발합니다. 이때 그에게 있어 어딘가에 귀속되어 있다는 것은 그 귀속을 단순히 받아들이는 것이 아니라, 스스로 선택한 것이 됩니다. 그런데 종교에 따른 귀속이나 시오니즘도 제외한다면, 첼란은 자신을 무엇에 귀속시킨 것일까요? 그것은 선인(先人)들과 자기 자신의 입장에서 볼 때 두 가지 측면에서 '대항하는 유대주의(Gegenjudentum)'였습니다. 자신의 진실을 말하며, 나아가 역사적 진실도 말할 수 있는 문학의 역사와 자유가 중요했습니다. 그가 청년 시절부터 결코 내려놓은 적이 없는 넓은 의미에서 마르크스적이라 할 수 있는 정치적 입장이나, 스스로 쫓겨난 자로서 아니라 의식적으로 하이네(Heinrich Heine)와 보들레르의 파리에 자리 잡았다는 상황도 그와 같은 역사적 지평에 속합니다. 이는 중요한 요소들임에도 불구하고 여태까지 비평가들의 주목을 충분히 받지 못했습니다.

박해나 살아남은 이들의 상황도 계몽의 문화적 전통이 와해됐다는 측면에서 바라볼 때 비로소 그 의미가 드러납니다. 첼란은 자신의 작품을 통하여 이를 극복하고자 했습니다. 그는 문학계를 정치적 측면도 포괄하는 넓은 의미에서 이해했는데, 그는 문학계의 '유대인'이었습니다. 그는 자신을 독일 시인이자 유대인으로 이해한 것입니다. 첼란은 매우 격앙된 상태에서 [골-사건(Goll-Affäre)[4] 때] 지그프리트 렌츠(Siegfried Lenz)[5]에게 자신의 출발점을 명료하게 표명합니다. "(…) 저는 유대인입니다. 이 말을 통해 제가 또한 궁극적으로 말하고자 하는 것은 제가 저 자신을 유대인들의 대표 또는 대변자로 생각하는 것이 전혀 아니라는 점입니다. 저는 유대인일 뿐입니다. (…) 그리고 저는 (…) 저의 언어에 있어 언제나 고향이었으며, 앞으로도 고향으로 남아 있을 곳으로 갔습니다. 독일로 갔습니다."* 개인적인 상황은 종교와의 관계도 역사적 맥락에서 보도록 합니다. 이와 같이 정의된 유대인의 정체성은 주위의 기독교 세계도 함께 고찰하고 있습니다. 첼란은 기독교 세계에도 맞서고 때로는 날카롭게 비판하기도 합니다. 첼란에게 신앙심이 있었다고 하기는 어렵습니다. 적어도 전통적 의미로는 그러합니다. 그는 율법을 준수하지 않았습니다. 그는 모자를 쓰지 않고 맨머리를 드러내고 다녔으며, 망명한 동구권 유대인으로서의 정체성을 드러

---

* *Paul Celan—Die Goll-Affäre*, Nr.157, 558쪽: "(…) ich bin Jude. Womit ich nicht zuletzt auch sagen möchte, daß ich mich keineswegs für einen Vertreter des Judentums oder gar für dessen Anwalt halte. Ich bin es nur. (…) Und bin (…) dorthin gegangen, wo ich, meiner Sprache nach immer war und immer zuhause bleibe: nach Deutschland."

냈습니다. 그는 '동방에서 온(ex oriente)' 낯선 이였습니다. 언제나 다시금 새롭게 떠오르는 것들이며 비평가들이 종종 부적절하게 부각하는 것들 중 그 어느 것도, 애도나 복수도, 조직화된 살해를 상기시키거나 이를 망각하지 않는 것이든, 살해된 이들을 말의 힘과 마술로 부활시키는 것이든, 그 어떠한 것도 외부인으로서 말한 것이 아닙니다. 유대인들이 추방되면서 매우 독일적인 것도, 낯선 것과 함께 고유한 것[비판정신]도 독일에서 함께 추방되었습니다. 그래서 대항은 언어 내적 차원에서만 이루어질 수 있습니다. 대항은 가장 내적인 곳에서 언어적인 문제가 되며, 문화 이전의 문제가 됩니다. 해석자들이 등한시 하는 것이 바로 이 문제입니다.

1 문학적인 반대운동(계몽주의 문학): 18세기 유럽에서 태동하기 시작한 계몽주의는 인본주의와 르네상스 그리고 종교개혁으로 이어진 비판정신에 근거를 둔 이성의 자율성을 바탕으로 하여 학문과 사회 영역 전반에 광범위한 영향을 끼치게 되었다. 계몽주의는 종교와 낡은 권력의 절대적 권위로부터의 해방을 추구함에 따라 시민계급의 정신적이고 감정적인 해방운동으로 이어졌는데, 이는 기존의 모든 권위에 의문을 제기하고, 고루한 인습을 타파하고자 하는 의미에서 '반대운동(Gegenbewegung)'이라고 불리기도 한다. 문학에서의 계몽주의는 기존의 인위적 시론들을 거부하고 개연성을 중요시하는 형식으로 나타났다. 계몽주의 시대의 문학은 이성과 도덕의식을 강조하는 교육적 성향이 두드러지는가 하면, 개인의 감정이 점차 중요하게 여겨지면서 감성을 부각하고 순수 예술을 지향하는 방향으로도 나타나면서 왕실문학에서 시민문학으로의 이행이 이루어졌다. 독일의 대표적인 계몽주의 작가는 레싱(Gotthold Ephraim Lessing)이다. 그의 희곡작품들은 특히 '관용(Toleranz)'과 '시민의식(Bürgerbewußtsein)'을 주제로 하고 있으며, 대표작으로는 『현자 나탄(Nathan der Weise)』(1779)이 있다.

2 하스칼라(Haskalah): 유대 계몽주의를 말한다. 이 움직임은 17세기부터 대두되는 유럽 계몽주의의 영향을 받아 유대교를 쇄신하고자 하는 움직임으로 1770년대에서 1880년대 사이 중부 유럽과 동유럽을 중심으로 일어났다. 하스칼라는 확산되는 관용의 분위기 속에서 유대인들의 동등한 지위를 위하여 노력했으며, 유대 신앙과 민족성을 구분하면서 유대인들이 주변 사회에 융화될 것을 주장했다. 가장 대표적인 대변자는 모제스 멘델스존(Moses Mendelssohn)이다. 철학자로 이름을 알린 멘델스존은 레싱과도 친분이 있었으며, 레싱의 작품『현자 나탄』의 모델이 되기도 했다.

3 자연시(Naturlyrik)는 2차 대전 때 소위 내적 망명으로 대두된 장르였으나, 전쟁 종식 후에도 역사적 현실을 외면한 채 독일 문단에서 유행했다.

그런데 첼란은 이와 같은 장르의 유행과 대조적으로 개인사적인 '개별적이고 특수한 것'들에 주목하면서 역사적 현실을 외면하지 않고 고스란히 담아내고자 했다.

4 골-사건(Goll-Affäre): 첼란이 겪었던 표절시비를 말한다. 다음 절에서 다루어질 이 사건은 이반 골(Yvan Goll)의 미망인 클레르 골(Claire Goll)이 첼란이 남편의 시들을 표절했다고 주장하면서 시작되었다. 첼란은 파리에 와서 1949년 표현주의와 초현실주의 시인으로 잘 알려진 이반 골을 만나게 되는데, 젊은 시인이 마음에 든 이반 골은 첼란에게 자신의 시를 번역하기를 부탁한다. 그런데 이 번역이 결국 표절 의혹의 빌미가 된다. 얼마 후 골은 세상을 떠나는데, 그가 죽고 나서 그의 미망인은 번역과 첼란 시 사이의 문체의 유사성을 문제 삼아 첼란이 남편의 시를 표절했다고 비방하기 시작하는데, 실은 전혀 근거가 없는 비방이었다. 클레르 골이 문제 삼은 시들은 『양귀비와 기억(Mohn und Gedächtnis)』(1952)에서 취한 것인데, 대부분 1948년에 이미 출간되었다가 다시 회수된 시집 『유골단지의 모래(Sand aus den Urnen)』에도 수록되어 있던 것들로 첼란이 골을 알기 훨씬 이전에 쓴 시들인가 하면, 그녀는 의도적으로 남편의 시를 첼란의 시와 비슷하게 보이도록 고쳐 쓰기까지 했다. 1953년 클레르 골은 여러 문학잡지사와 언론사에 첼란이 남편의 시를 표절했다는 편지를 보냈다. 이때 그녀의 비방은 큰 반향을 불러일으키지 못하나, 그보다 몇 년 후 1960년, 그녀가 다시 공개적으로 한 작은 문예지에 표절을 주장하는 글을 실으면서 사건은 다시 불거지고 다양한 매체를 통해 대대적인 논쟁으로 번졌다. 첼란은 1960년 같은 해에 뷔히너상을 수상하게 되는데, 그는 심혈을 기울인 수상 연설인 「자오선(Der Meridian)」에 자신의 시론을 집약했다. 연설문의 극히 조심스럽고 우회적인 표현은 표절시비에 대한 자기변명으로 보이지 않게 하기 위한 면도 작용한 것으로 보인다. 표절시비의 영향은 『아무도 아닌 자의 장미』 중심으로 1960년대 이후에 출간되는 후기 시에서도 그 영향을 찾아 볼 수 있다. 표절시비는 결국 근거

없는 비방으로 다시 점차 사그라졌지만, 종종 다시 떠오르곤 했다. 표절시비가 첼란에게 더욱 고통스러웠던 것은 그것이 다시 떠오르는 반유대주의와 맞물리게 되었기 때문이다. 첼란은 특히 유대인으로서의 배경을 겨냥한 인신공격에서 큰 상처를 받으면서 그것을 홀로코스트 때와 같은 반유대주의의 부활로 느꼈다. 클레르 골이 같은 유대인 출신이었다는 사실은 세상에 대한 첼란의 불신을 강화했을 것이다. 그는 이 사건으로 심한 정신쇠약에 시달렸다. 첼란은 끝내 센느 강에 투신하여 스스로 목숨을 끊게 되었는데, 첼란이 생을 스스로 마감한 것을 단순히 정신쇠약의 말로로 치부해서는 안 될 것이다. 표절시비가 반유대주의와 맞물리게 되면서 첼란은 자신이 유대인으로서뿐만 아니라 시인으로서도 부정되었다고 느꼈을 것이다. 그런데 이는 첼란에게 자신의 존재 자체에 대한 부정이나 다름없었던 것이라 할 수 있다.(Barbara Wiedemann: *Paul Celan—Die Goll-Affäre*, Frankfurt am Main, 2000 그리고 서경홍: 「파울 첼란의 표절시비와 그 시적 대응」, 실린 곳: 『독일언어문학』 제23집, 한국독일언어문학회 2004, 42~59쪽 참조.)

5 지그프리트 렌츠(Siegfried Lenz; 1926-2014)는 독일 전후작가로, 대표적인 작품으로는 나치시절의 의무와 책임의 문제를 다룬 소설 『독일어 시간(Deutschstunde)』(1968)이 있다.

몰이해와 표절 의혹 제기: '골-사건'

Unverständnis und Plagiatvorwurf: 'Goll-Affäre'

몰이해와 표절 의혹 제기: '골-사건(Goll-Affäre)'

언어는 언제나 새롭게 형성되고, 이때 그것이 시 문학의 전통과 다른 전통들의 해체에 기반을 둔다는 것을 전제한다면, 첼란의 파편적인 신조어들이 어떤 특정한 시각에서 다른 맥락과 의미로 이해되었다는 것은 놀라운 일이 아닙니다. 있던 말을 새롭게 사용하는 것을 재수용(Reprise)으로 보지 않고 모사(模寫 / Nachahmung)로 보는 것은 사람의 관점에 따라 얼마든지 달라질 수 있겠습니다. 그런데 모방(Imatation)은 곧장 표절로 연결될 수 있습니다. 모든 것이 시인[첼란] 자신의 것이었음에도 그의 것은 아무것도 없게 되었습니다. 시 작업의 본래 목적성이 제대로 이해되지 않았기 때문에 작가의 진정한 정체성이 부정되었습니다. 시인의 비판적 대결과 동기는 고려되지 않았습니다.

첼란에 대한 비방이 갖는 공격성은 분명한 내용을 모르는 데에서 연유했습니다. 통상적인 독법은 시의 특별한 전달방식을 고려하지 않기 때문에 여러 의미 층위들을 한데 합쳐버리고 말았습니다. 사람들은 시가 무엇을 전달하고자 하는지 몰랐기 때문에 어떤 것이 누구의 창작인지 알 수 없었습니다. 시가 갖는 고유한 본성이 해명되어 있지 않았으며, 오늘날에도 여전히 그러합니다. 근본 요소들을 분석하지 않고서는 첼란 시의 차별성을 인식할 수 없습니다. 창작과 밀접하게 연관된 지성적인 지향은 거의 불가피하게 무시되었습니다. 그러한 측면이 아예 존재하지 않는 것처럼 행동했습니다. 독자들의 반응이 이를 잘 보여주었습니다. (이를테면 가다머가 그랬듯이*) 사람들은 시가 무엇을 말하는지 이미 다 알고 있다고 생각했습니다. 시 문학이 예전부터 늘 말해온 것이라는 식으로 판단했던 것입니다. 비판적으로 수정되고, 패러디에 수용된 많은 소재들이 그러한 것으로서 인식되지 못했기에, 이해의 준비가 되어 있지 않은 독자와 평론가들은 그

---

* Hans-Georg Gadamer: *Wer bin Ich und wer bist Du? Kommentar zu Celans 'Atemkristall'*, Frankfurt am Main 1973.

것을 차용(Anleihe)으로 보고 저자를 비판할 수 있었습니다. 시가 이해하기 어렵다는 문제가 연관되어 있지 않았더라면 골-사건(Goll-Affäre)은 그렇게까지 크게 불거지지 않았을지도 모릅니다. 시 작품들이 대체로 이해 불가한 것으로 여겨지면서 첼란은 씁쓸한 마음으로 고수해온 자신의 낯설음과 스스로 마주하게 되었습니다. 그는 바로 이 낯설음 때문에 비판받게 되었는데, 그는 이 낯설음을 포기하지 못했습니다. 그는 이 싸움을 자신의 이름으로 치루는 한편으로, 이 문제에 있어서 친구들의 도움을 기대하고 있었습니다. 그는 무조건적인 연대를 주장한 만큼, 그러한 연대를 기대했습니다.[1] 모방처럼 제시된 재조합(Neuformung)은 첼란의 창작이 갖는 근본적인 이원성(Dualität)의 핵심 요소이자 가장 극단적인 요소였습니다. 이것 없이는 글을 쓰지 못했을 것입니다. 익숙한 견해들을 전복하고 그것들에 대항하기 위하여 주위에서 주워담고 재수용한 것들이 변용 후 그 자신의 것이 되었다면, 이제 그에게서 그것은 다시 탈취될 수 있었습니다. 이제는 그가 약탈당하게 된 셈입니다.*

---

* 시 「오두막창문(Hüttenfenster)」(GW I, 278쪽 이하): "―그리고 이들은, 그것을 씨 뿌린, 이들은 / 그것[섬멸의 흑우박]을 글 쓰면서 없앴네 / 미메시스의 장갑포(裝甲砲) 갈퀴로![―und sie, die ihn säten, sie / schreiben ihn (den Schwarzhagel der Vernichtung) weg / mit mimetischer Panzerfaustklaue!"]

문학은 가장 높은 수준으로 올라가면 이와 같이 다층적인 면모를 보입니다. 그런데 이제 첼란 자신이 도둑으로 내몰렸습니다. 사람들이 그의 시를 제대로 읽지 않았다는 점을 함께 생각하지 않고서는 첼란이 받은 상처가 얼마나 크고 쓰라리며, 자신이 시인으로서 의심받고 있다는 강박에 얼마나 시달렸는지 충분히 이해하기 어렵습니다. 자기 자신의 정체성이 걸려 있었던 것입니다. 부정(Ablehnung)은 내세워진 명백하고 위대한 인정과 나란히 존재했습니다. 이 상황은 첼란이 시를 쓸 때 작용하는 결정적인 '부정하기의 동력(negierenden Impuls)'을 미심쩍은 것처럼 보이게 함으로써 그에게 치명타를 안기게 되었습니다.*

---

* 프랑스-라노르(France-Lanord)는 골-사건이 시인의 심리적 상태에 끼친 영향을 부각하는데, 그것은 재앙과 같았다고 한다.["그는 이로부터 다시 회복하지 못했다 (er hat sich davon nicht mehr erholt)." 277쪽] 이 시각에서 본다면, 그 영향으로 첼란의 부모와 유대인 학살이 영구화되며 그로써 첼란 시의 주요 주제로 간주될 수 있게 된다. 그래서 프랑스-라노르는 이 시기 첼란의 창작력이 꺾였다고 보고 있다. 말년에는 정말로 그러했다. 스스로 죽음을 택할 당시 첼란은 매우 지쳐 있었다. 결국 프랑스-라노르는 시에서 이해할 수 없는 부분들은 첼란의 정신 건강이 무너진 것과 관련 있다고 본다. 그는 첼란의 글이 점점 물러나고 이해할 수 없음의 비호 속으로 들어갔다고 한다. 첼란 작품에 대한 비슷한 시각의 해석들은 언제나 매우 부당하다. 한편으로 첼란의 정신과 몸의 건강 상태는 처음부터 언제나 그러했듯이 자유로웠다. 첼란이 겪은 쇠약과 어려움은 심리적이거나 생물학적인 접근에 따라 그가 당한 파렴치한 비방 때문에 생긴 것으로 설명될 수 없다. 시 작품들은 이 상황을 내용으로 삼고 있기도 하다(본인이 쓴 책 *Paul Celan. Poetik der Fremdheit*, 137-166쪽에서 "광기의 행보(Wahngänge)"라는 장을 참조). 사람들이 작품을 수용하는 방식과 특정한 경험들을 받아들이지 않으려는 상황도 첼란에게 큰 영향을 끼쳤다는 점 또한 고려되어야 한다. 이러한 상황은 많은 경우 잘 인식되지 않는 첼란 시의 논쟁적 성격과 관

첼란을 대응하도록 촉구하는 것은 아무것도 없었으나, 비열한 비방들은 첼란에게 이 갈등이 결코 해소될 수 없음을 보여주었습니다. 자기 측에서 내용을 설명해서 상황을 정정하는 것은 있을 수 없었습니다. 첼란의 입장이 갖는 극단성은 골-사건 덕분에 비로소 공개적으로 변론될 수 있었습니다. 그런데 이때 단지 표절 의혹 제기만 다루어진 것은 아닙니다. 첼란은 시집 『아무도 아닌 자의 장미』를 준비하면서 자신의 초기작들 그리고 특히 시집 『언어창살(Sprachgitter)』에 대한 수용이 부적절했음을 드러내고자 한 듯했습니다. 그는 낙인이 찍힌 희생자의 역할을 굳건하게 도맡고 모든 것을 감내하겠다는 결정을 했을지도 모릅니다. 그럴만한 이유는 충분했습니다. 그는 이 상황에서 나서서 항의할 기회를 얻었습니다. 전이(轉移)가 이루어졌다고 볼 수 있을 것 같습니다. 그에게 견딜 수 없으면서도 피할 수 없었던 경험이 공개적으로 드러날 수 있게 되었습니다.

결국은 오직 첼란 자신만 남게 되었습니다. 그는 유대인이었으며, 유일한 유대인이었습니다. 공격은 유대인 여성으로

련하여 그가 자신의 시 문학 양식에 대해 성찰할 때에도 많은 영향을 끼쳤다.

부터 온 것입니다. 아도르노(Theodor W. Adorno)[2]와 같은 유대인들은 첼란이 그다지 신뢰하지 않는 사람들에 속합니다. 그와 같은 사람들은 자기 자신으로 있기보다는 과거를 부정하는 타고난 경향이 있습니다. 클레르 골Claire Goll[3]은 이렇게 이와 같은 이들의 대표자가 되었으며, 배교자였고 심지어 반유대주의자였던 것으로 보입니다. 그녀는 첼란의 시 문학이 갖는 글자 그대로의 진실을 횡령하고 말았으며, 그의 시 문학의 본래 내용을 이루는 존재에의 권리를 부정했습니다.

첼란은 신중하게 선택한 법적이고 범죄학적 표현인 "첼란 사건(Fall Celan)"을 얼마간 강조하면서 흡족함을 느낀 듯합니다.* 그는 이 표현을 통하여 무엇이 전부 결부되어 있었는지 그리고 상황이 어디까지 이르게 되었는지를 보여주고자 했습니다. 실로 한 개인으로서의 온전함이 걸려 있었습니다. 부정(否定)은 겉보기보다 훨씬 더 철저했고, 그가 빠진 도랑은 훨씬 더 깊었던 것입니다.

첼란에게 가장 가혹했던 것은 유대인들로부터 온 공격이

---

* *Paul Celan—Die Goll-Affäre*, 437쪽, 각주 9.

었을 것입니다. 그것은 자신의 유대인으로서의 정체성과 연관되었기 때문입니다.* 그를 공격한 이들은 유대인으로서의 자의식이 부족했습니다. 이들은 그가 그랬듯이 자신을 이방인(Fremde)으로, 그러니까 이방인으로서의 유대인으로 이해하지 않았습니다. 이들은 첼란이 그랬듯이 주변인으로 머물지 않았습니다. 그가 보는 관점에서는 이들이 그를 피한 것입니다. 그는 이들의 선도자나 지도자가 되지 않았습니다. 그의 유대인으로서의 정체성은 개인적인 것이며, 자기 자신의 인격과 관련 있는 것이고 일반적으로 생각하는 종교와는 거의 관련이 없습니다.

---

* 첼란과 슈무엘리의 서신교환 중 1970년 2월 23일자, 97번 편지, Paul Celan, Ilana Schmueli: *Briefwechsel*, Frankfurt am Main 2004, 105쪽 참조.

1 실제로 많은 이들이 '골-사건'에서 첼란을 변론하기 위하여 나섰다. 그런
   데 첼란은 많은 경우, 자신의 입장이 충분히 이해받지 못한다는 느낌을
   받았다. 그는 한편으로 친구들이 나서주길 바라면서 다른 한편으로 구체
   적인 배경에 대한 언급은 삼가길 바랐기 때문에, 주변 이들이 첼란을 변
   론하는 것이 쉽지 않았다. 첼란의 예민하고 확고한 입장 때문에 많은 갈
   등들이 빚어지고 많은 관계들이 틀어지기도 했다. 첼란의 이러한 태도로
   인해 출판사와의 관계에서도 많은 갈등이 생겼다. 첼란은 자신의 시 작품
   이 어떤 맥락에서 수용되는지 매우 신경 썼다. 이반 골이나 클레르 골의
   작품들이 실리는 곳이나 클레르 골을 옹호하는 문인들의 글이 실리는 곳
   과 같은 곳에 자신의 시가 나란히 실리는 것을 거부하는 것은 물론이었으
   며(이반 골은 당시 인지도가 높은 시인이었다), 시가 본래 맥락과 떨어져
   서 출간되거나 인용되는 것도 거부했다. 그의 엄격한 출판규정 때문에 오
   랫동안 함께 해 온 피셔 출판사와도 결국 결별하게 되었다. (Wiedemann:
   Paul Celan–Die Goll-Affäre, 836–840쪽 그리고 842쪽 이하 참조.)

2 대부분의 연구자들은 첼란과 아도르노의 관계는 서로 간에 존경이 있
   었다고 보며, 이에 따라 첼란의 짧은 산문 「산 속의 대화(Gespräch im
   Gebirg)」(1959)에 등장하는 '큰 유대인'을 첼란이 우러러보는 '형제'로 해
   석한다. 그런데 볼락은 첼란이 아도르노가 유대인의 정체성이 드러나는
   아버지의 성 '비젠그룬트(Wiesengrund)'를 숨기고 가톨릭 집안 출신인 어
   머니의 성 '아도르노'를 내세웠다는 점에서 그가 자신의 정체성에 솔직하
   지 못함을 비판적으로 바라보았다고 지적한다. 그래서 볼락은 「산 속의
   대화」가 비록 이루어지지 못한 아도르노와의 만남을 계기로 쓰게 된 글이
   더라도, 작품 속에 등장하는 '큰 유대인'을 아도르노에 대한 '반대 상'으로
   해석한다. 볼락의 해석에 따르면 첼란은 이 글에서 역설적으로 아도르노
   에게 유대인으로서 부족한 점을 보여주고 있다는 것이다.

3 클레르 골(Claire Goll; 1890–1977): 초현실주의 시인 이반 골(Yvan Goll;

1891-1950)의 부인. 클레르 골은 독일 뉘른베르크에서 태어났으며, 제네바 대학에서 공부하면서 평화주의 운동에 가담하며 기자활동도 했다. 제네바에서 로렌 지방 출신의 이반 골을 만나, 함께 파리로 건너가고 결혼하게 되었다. 나치 시절은 부부가 함께 미국으로 망명했다가, 전쟁 후 다시 파리로 돌아와서 생활하게 되었다. 클레르 골은 독일 시인 라이너 마리아 릴케(Rainer Maria Rilke)와도 매우 가까웠으며, 클레르 골 본인도 작품활동을 하면서 시와 소설을 남겼다. 그러나 클레르 골은 무엇보다 '골-사건'으로 알려진 표절시비를 촉발한 장본인으로 기억되고 있다. 클레르 골과 이반 골은 둘 다 유대인 가정 출신이었으나, '골-사건'관련 문헌들을 정리한 비데만에 의하면, 클레르 골을 첼란과 같은 '유대인'으로 이해하기가 어려워진다. 클레르 골은 자신과 남편의 유대인 출신배경을 가능한 드러내지 않으려고 했으며, 남편을 소개 할 때도 유대인으로서보다는 '초현실주의 시인'으로서의 정체성을 강조했다고 한다. '발견한 자유' 장의 '골-사건' 관련 옮긴이 주(4번, 115쪽) 참조.

문화적 유대감의 결과

Die Konsequenz der kulturellen Verbundenheit

문화적 유대감의 결과

첼란의 어머니가 1차 대전 이후 아들에게 독일어와 독일 시 문학을 물려주었다는 사실이 갖는 의미는 첼란의 부모가 나치에게 살해되었다는 사실에 의해 무의미해지거나 퇴색 되지 않습니다. 이 두 사실은 밀접하게 서로 엮여 있습니다. 그 끔찍한 사건은 잘못된 것이었습니다. 논리는 일관됩니 다.[1] 잘못을 단죄하는 것은 잔학행위가 그것을 수행한 이들 안에서도 동일하게, 심지어 일차적으로 가해졌다고 추정될 때 비로소 의미를 갖습니다. 독일인들의 이러한 반유대적인 '자기 헐뜯기(Selbstzerfleischung)' 앞에서는 어떠한 용서도 의 미가 없어집니다. 유대인조차 자신은 그저 희생자이기만 했 다고, 자신은 관련 없다고 주장할 수 없습니다. 첼란은 이를 다르게 보았습니다. 그는 독일인으로서 누구보다도 더 독일다운 독일어로, 혹은 관점에 따라 유대인다운 독일어로 시를 썼습니다. 이 대담한 노력은 정신적 정체성을 전제하고 있습니다. 그는 한 명의 개인으로서 스스로 심사숙고하여 만들어낸 거리를 취하고 말을 합니다. 그는 어떤 장소를 규정하는데, 그곳은 타인도, 즉 시를 쓰는 자신 안에 이미 내재적으로 상정되어 있는 독자도 동일하게 가혹한 전조(Auspizien) 아래에서라면 점유할 수 있는 곳입니다.

집단적 양심이나 집단적 죄, 집단성 자체가 아예 성립되지 않습니다. 언어에 귀를 기울이는 독자 또한 자신을 주체로서 확립해야만 합니다. '무(無 / Nichts)'의 방법론적 힘은 재앙[홀로코스트]을 상기하고 일어난 것을 인정할 때에도, 부정하는 힘을 시에서 재정립할 때에도 작용합니다. 폭력적인 파괴를 끊임없이—앞서, 뒤따라—부정하는 것과 같습니다. 유대인다움은 공동체의 유대감이나 홀로코스트를 직접 격은 당사자들 간의 연대의식이 아무리 강할지라도 그런 것에 의해 규정되는 것이 아니기 때문입니다. 유대인다움은 홀로코스트라는 사건과 직접 연결되며, 홀로코스트 또한 역사상 이미 예전부터 마찬가지로 부정되어온 것의 억압에서 나온 것입니다. 첼란이 곳곳에서 감지한 반유대주의는 그의 입장에서 본다면 독일의 자기혐오와 다르지 않습니다. 문화적인 측면에서는 기독교의 자기혐오와 다름없습니다. 그의 작품에서 느껴지는 매력은 어느 정도 이러한 측면으로부터 이해할 수 있는데, 그러한 시각에서 분석된 적은 별로 없습니다.*

---

* 『프랑크푸르트 알게마이네 차이퉁(FAZ)』에 실린 한 기사는(인문학란, 2003. 10. 29.) 비템베르크에서 개최된 빅토르 폰 바이체커 학회(Viktor von Weizsäcker-Gesellschaft)에 대하여 보도했다. 성공적이지 못했던 이 학회는 거의 대부분 프란츠 로젠츠바이크(Franz Rosenzweig) 얘기만 했는데, 이 기사는 잡지 『크레아투어(Kreatur)』의 의미를 부각했다. 기사는 잡지에서 이루어진 협력에서 독일인들과 유대인들의 공생이 실현되었다고 보면서 숄렘(Gershom Gerhard Scholem)을 반박하고자 했다. 잡지에 기고한 유대인들 중에는 발터 벤야민(Walter Benjamin)을 비롯하여 마르틴 부버(Martin Buber) 그리고 레오 셰스토브(Leo Schestow) 등이 있었고, 비유대인들 중에는 바이체커 자신도 있었는데, 바이체커의 이론과 자연관은 비이성적인 것의 찬미와 독일의 반유대주의와 이어져 있다. 우선 찬양된 공통점과 공통되지 않는 것이[독일적이면서 유대적인 것(Deutschjüdische)이] 무엇이었는지 구체적으로 파악되어야 할 필요성이 있다. 같은 잡지에 기고했다는 것은 기껏해야 구체적으로 규정되지 않은 비슷한 가치들을 서로 인정했다는 것만 말해줄 뿐이다.

1 볼락은 여기서 독일인으로서의 정체성과 유대인으로서의 정체성이 서로
떼려야 뗄 수 없는 관계에 있음을 강조한다. 첼란의 독일과 독일어에 대
한 관계가 특히 그러했는데, 이는 비단 첼란의 경우에만 그런 것은 아니
다. 홀로코스트가 거론될 때 독일인들과 유대인들은 가해자와 피해자로
분리되는 경향이 일반적인데, 볼락은 독일인으로서의 정체성과 유대인
으로서의 정체성은 분리될 수 없다고 지적한다. 이하 이어지는 내용 또한
이 두 개의 정체성이 기실 맞물려 있다는 맥락 속에서 이해된다. 그 논리
를 따르면, 독일인들이 자기비판적 차원에서 이루어질 때조차, 독일 정체
성의 일부를 이루는 유대인적인 것을 자신으로부터 분리해서 '뜯어내는'
'자기 헐뜯기(Selbstzerfleischung)'는 자기분열과 자기파괴와 다름없는 것
이다.

어떤 인간성: 시 「만돌라」

Ein Menschentum: das Gedicht "Mandorla"

어떤 인간성: 시「만돌라」

　　로마네스크 교회의 후진(後陣 / Apse)[1] 공간에서 찾아볼
수 있는 성스러운 만돌라의 타원[2]은 그 이름을 따온 만델
(Mandel)[3]이 갖는 상징성을 생각한다면 본래 유대교에 근원
을 두고 있는데, 이제 그것이 간직하던 신의 형상을 상실하
고 말았습니다.* 구세주 대신 '무(無)'[4]가 텅 빈 양식으로 자리

---

* 　부르고뉴 지방에 있는 베르제-라-비유(Berzé-la-Ville)의 교회에 있는 거대한 성
화로 추정해 볼 수 있다. 첼란은 알브레히트 쇠네(Albrecht Schöne)에게 "부르고뉴
의 한 작은 교회"에 있는 그리스도 상을 품은 만돌라를 언급한 적이 있다.(Albrecht
Schöne: *Literatur im audivisuellen Medium. Sieben Fernsehdrehbücher*. München, 1974, 154쪽 이하
참조.) 쇠네는 베르제에서 로마네스크 양식 프레스코 벽화를 찾아냈다.(그런데 의
복이 파란색인 것이 아니라 신 주위의 하늘이 파랗다.) 오토 푀글러(Otto Pöggeler)
는 *Spur des Worts*. Freiburg 1986(402쪽, 각주 3)에서 이 발견을 언급한다. 그런데 첼란
해설자들인 올슈너(Olschner)와 비데만(Wiedemann)은 이 언급을 확실하지 않은 것
으로 여기고 있다.

잡았습니다. 이는 존재론적 허무와는 다릅니다. 인종말살의 경험은 이러한 '무'를 통하여 폭력에 주목하게 할 권한을 부여받게 됩니다. 자유를 창출하는 부정하기가 근절하고자 하는 폭력 말입니다.

만돌라

만델 속에—만델 속에 무엇이 서 있나?

무(無)가 있다.

만델 속에 무가 있다.

거기 서 있고 또 서 있네.

무가 있는 곳에—누가 서 있나? 왕이.

거기는 왕이 서 있네, 왕이.

거기 서 있고 또 서 있네.*

---

* GW I, 244쪽. 이 시는 『아무도 아닌 자의 장미』에서 「문 앞에 서 있던 어떤 이에게」 바로 다음에 놓여 있다. 시는 1961년 5월 23일에 쓰였다. (첼란은 아직 다른 시의 마지막 구절들을 다듬고 있었다. TCA: *Die Niemandsrose*, 64-67쪽 참조.) 「자오선」을 위한 메모들을 준비한 지 1년이 지난 후였다. 비데만이 골-사건에 대한 기록을 마무리하면서 쓴 논문(Wiedemann, 854쪽)에서와 같이, (예술사적이고 교회사적인 표현인) 만돌라에서 "(…) 반유대적 고정관념들(만델 눈과 검은 곱슬머리의 유대

여기 정치적인 탄압과 종교적 억압에 대한 저항이 살아 있습니다. 부정(Verneinung)이 절대화됩니다. '아님(das Nein)'이 더 강력합니다. 억압된 자는 몰락하는 순간조차 몰락을 지배하는 인물로 나타납니다. 그는 왕이 되며, 성화(聖畵)의 빈껍데기를 앞에 두고 말하자면 '유대인의 왕(rex judaeorum)'[5]이 된다고 덧붙일 수 있을 것입니다. 반(反)신학적인 '대항의 말(Gegenwort)'은 개념을 정의하고 새로운 의미를 부여합니다. 예수를 대신하는 형상은 근거 없는 사변에서 나온 것이 아니라, 시인의 가장 극단적인 대응입니다.

질문은 '만델'의 내용과 관련되는데, 대답에서는 '무'로의 퇴행이 이루어지면서 긍정적인 형태의 양식만 남게 됩니다. 두 번째 단계에서는 전제되어 있는 '무'의 상태가 형태를 갖추게 되며, 유일한 속성으로 나타나게 됩니다. 그리고 세 번째 단계에서 이 속성은 계속 부각됨으로써 시간상의 '연속(Continuum)'으로 발전하게 됩니다(1연). 다음 단계에서는 더이상 만델이 아니라 벌써 만델 속에 자리 잡은 무가 출발점이 되면서, 반복되는 동일한 언어적 표현양식에 의하여 개념

인 여자)을 깨는 방식을[Aufbrechen (…) antisemitischer Klischees (die mandeläugige und schwarzlockige Jüdin)]" 발견하게 하는 독법이 필요하다. '만델'은 누구의 것인가?

은 더욱 두드러지게 됩니다. 이 시가 갖는 힘도 시간의 흐름 속에 실현된 말살의 경험에 기반을 둡니다. 그리고 '연속'은 응축되면서 주권을 얻게 됩니다(2연).

동의어가 반복되는 듯한 삼위일체의 구조가 재도입되면서 예배의식에서 신앙고백을 외는 듯한 반복이 이루어집니다. 현재화(Aktualisierung)는 단어에서, 즉 언어적 형상화에서 이루어집니다. 시의 서두에 놓인 빈 양식은 변화의 기반을 이루고 있습니다. 끝으로는 여태 존재하고 전승되어온 기존의 모든 관점들을 자유자재로 다루는 무너뜨릴 수 없는 권능이 관철됩니다. 그리고 그 가운데에는 순전한 매개로서의 '무'가 자리잡고 있습니다. 이어서 언어 내에서 언어를 지배하는 주체의 인격인 첼란 시의 '너(Du)'가 시 작품 속의 '또 다른 자아(alter ego)'로서 등장합니다. 눈은 이 '너'를 동반하는데["네 눈(dein Aug)"], 눈은 의미결합을 만들어내는 능력의 구현입니다. 눈으로 형상화된 이 능력은 말의 영역에 고유한 어떤 '시각성(Vision)'으로서 언어의 자립적인 공간에 들어서며, 새로이 분석된 체계를 지배하는데, 이 체계 자체는 이미 감각적 인식을 부정하는 것에서부터 도출된 것이기도 합니다. 재현되는 것의 객관화가 이루어지고 난 다음에는 그 적용이 뒤따르는데, 그 정립과 판단은 자율적입니다. 시는 근본적으로 다형(多形)적이고, 매번 다른 어떤 것이 되며, 여기서는 어떠한 권위에 호소하지 않으면서도 어떤 성명(聲明)이 됩니다. 시는 작품 안에 동원된 심급(Instanzen)들의 자유로운 표명입니다.

유대인의 곱슬머리여, 너는 잿빛이 되지 않는다.

그리고 네 눈은—네 눈은 어디를 향해 서 있나?
네 눈은 만델을 마주하고 서 있다.
네 눈은 무를 마주하고 서 있다.
그것은 왕을 향해 서 있다.
그렇게 서 있고 또 서 있네.

사람의 곱슬머리여, 너는 잿빛이 되지 않는다.
텅 빈 만델이여, 왕의 푸른색[6]이다.

여기서 '곱슬머리(Locke)'는 구체적으로 수많은 그림을 통해 잘 알려진 유대인 학교 아이들의 곱슬머리만 의미하는 것이 아닐지도 모릅니다. 박해 시절에 이 곱슬머리[7]는 비웃음의 대상이 되었습니다. '곱슬머리' 이면에는, 뒤에 또는 앞에 글자를 덧붙인다면 변형된 형태로 '유혹하고(lockend)' '환호하는(frohlockend)' 모순이 자리잡고 있으며, 여기서 이 시는 다른 시 작품들과 마찬가지로 저항의 자세를 취합니다. "잿빛(grau)"이라는 색채는 자유연상을 따르다 보면 발음상 '공포(Grauen)'와 '잔학행위들(Greueltaten)'을 연상하게 합니다.[*] 초고에서는 구타와 흘려진 피도 함께 연상되었습니다: "붉은 유대인의 곱슬머리여, …되지 않는다(Rote Judenlocke wirst nicht…)."

반복되는 부분의 변형 "사람의 곱슬머리여, …되지 않는다"는 "푸른색"과 조우하면서 이를 더 뛰어넘을 수 없는, 작품 안에서 새롭게 창조된 다른 색채의 명칭으로 환원됩니다.[**] 여기서 만델은 부정된 것의 상징이 됩니다. "텅 빈 만델

---

[*] Jean Bollack: *Wie Celan Freud gelesen hat*, in Psyche 2005에 실려 있는 시 「……그 어떤 (...…auch keinerlei)」에 대한 해석 참조.

[**] 「자오선」자료들 중 트라클(Trakel)의 시에 대한 메모 참조(Materialien zum *Meridian*, Nr.162, 93쪽). "이미 털실 자체부터 물들여져 있어, 시는, 이래나 저래나, 파란색이든 갈색이든, 물든 대로 남는다(bereits in der Wolle gefärbt, so oder so, es bleibt, blau

이여, 왕의 푸른색이다." 맥락만 생각하더라도 여기서 말하는 푸른색이 하늘의 푸름을 말하는 것이 아니라, 해방적인 대항의 목소리의 지극히 현세적인 색채임을 알 수 있습니다. 여기서 유대인이 어떤 인간성을 대변하고 있다면, 이는 그의 순전한 존재 자체에 의해서도, 신에게 헌신하는 특별한 인간으로서의 존재양식에 힘입어서도, 그가 겪은 고통에 의해서도 아닙니다.* 여기서 "유대인"이라는 말은 반대로, 인간화되는 것이야말로 진정으로 유대인화되는 것임을 나타냅니다.

만돌라

만델 속에―만델 속에 무엇이 서 있나?

무(無)가 있다.

만델 속에 무가 있다.

oder braun, das Gedicht)." [발터 킬리(Walter Killy)를 읽은 후: *Wandlungen des lyrischen Bildes*, Göttingen 1956, 102쪽].

* 올슈너(Leonard M. Olschner)는 (Lehmann und Ivanović, 178-182쪽에서) 자신이 기독교적 해석을 피하고 있다고 생각하는 곳에서조차 그러한 해석에서 벗어나지 못하고 있다. 그는 신을 부정하는 참여운동 정신이 갖는 창조적 기능을 제대로 보지 못하기 때문에, 반(反)신앙고백 그리고 분립(分立)에 의한 자유로부터 연유하는 권능을 제대로 평가하는 것을 거부하고 있다.

거기 서 있고 또 서 있네.

무가 있는 곳에—누가 서 있나? 왕이.

거기는 왕이 서 있네, 왕이.

거기 서 있고 또 서 있네.

　유대인의 곱슬머리여, 잿빛이 되지 않는다.

그리고 네 눈은—네 눈은 어디를 향해 서 있나?

네 눈은 만델을 마주하고 서 있다.

네 눈은 무를 마주하고 서 있다.

그건 왕을 향해 서 있다.

그렇게 서 있고 또 서 있네.

　사람의 곱슬머리여, 잿빛이 되지 않는다.

　텅 빈 만델이여, 왕의 푸른색이다.

MANDORLA

In der Mandel—was steht in der Mandel?
Das Nichts.
Es steht das Nichts in der Mandel.
Da steht es und steht.

Im Nichts—wer steht da? Der König.
Da steht der König, der König.
Da steht er und steht.

Judenlocke, wirst nicht grau.

Und dein Aug—wohin steht dein Auge?
Dein Aug steht der Mandel entgegen.
Dein Aug, dem Nichts stehts entgegen.
Es steht zum König.
So steht es und steht.

Menschenlocke, wirst nicht grau.

Leere Mandel, königsblau.

유대인화된다는 것의 열려있음은 다름을 배제하지 않는 내맡겨짐을 가능하게 하며, 모든 유형의 억압과 위협적인 신념의 유형들에 대항하여 반발합니다. 전복적인 울림은 상실되지 않습니다. 이와 같은 시각에서 나치 시대에 욕이 된 '유대인'이라는 말은 그 말이 함축하는 거부와 거절에 대한 분석을 토대로 새롭게 해석되고, 이러한 해석을 통해 사람이 비로소 사람답게 되는 존재양식을, 그 "형상(Gestalt)"을 나타내게 됩니다. 유대 민족이 신성해지는 것은(출애굽기 19:6) 인류의 편에 서서 억압이 일어나는 곳 어디서든 그것에 대항할 때입니다. 인간의 인간성이야말로 유대인도 유대인답게 만듭니다. 이렇게 "사람"이라는 말의 의미 변화가 명료해집니다.* 다른 의미 변화들도 드러납니다. 일반적으로 "유대인"이나 "곱슬머리" 또는 "사람"이라고 할 때 생각하는 그런 의미

---

* 통례적이면서 부적절한 기독교적 독법은 올슈너의 해설 끝 부분에 잘 드러난다. "유대인과 사람이 동일하게 취급되는 곳에서 유대인의 고통이 모든 사람들의 고통을 대변하게 됩니다(Wo Juden und Menschen gleichgesetzt werden, wird das Leid der Juden stellvertretend für das Leid aller Menschen)."(181쪽) 여기서는 "무(Nichts)"와 "마주하고(entgegen)"의 의미가 완전히 상실되고 있으며, 그와 함께 해방의 의지 또한 상실되고 있다.

들이 아닙니다. 어휘와 통사적 배열은 선(先)규정되어 있는 기대 지평을 멀리해야만 이해 가능합니다. 의미가 확립되는 것은 언어의 잠재적 가능성을 자유자재로 다루고 정정하는 능력에 의해서입니다.

1 후진(後陣 / Apse): 건물에서 돌출된 반원 또는 반원에 가까운 다각형 모
   양의 공간을 말한다. 고대 로마의 바실리카에서 특징적으로 나타나는 건
   축적 요소로서, 그 자체로도 장식적 효과가 있을 뿐 아니라 조각품을 안
   치하는 용도로도 쓰였다. 기독교 교회(성당) 건축에 수용되면서 주로 성
   물이 안치되거나 제단이 놓인다.

2 만돌라(Mandorla): 만돌라는 중세 기독교 그림이나 조각에서 그리스도를
   감싸는 타원형의 후광을 가리킨다. 아몬드 형태와 비슷하다는 의미에서
   이탈리아어로 아몬드를 뜻하는 '만돌라'라는 이름이 붙게 되었다. 만돌라
   는 구세주의 현현을 표현할 때 그의 영광과 권세를 나타내는 상징으로서
   주로 그리스도를 묘사할 때에 사용되지만, 성모 마리아나 드물게 주요 성
   인들을 묘사할 때에도 사용된다. 만돌라의 테두리는 다채롭게 장식되어
   있는 경우가 많은 반면에 속은 주로 푸른색이나 금색으로 칠해진다.

3 만델(Mandel): 독일어로 편도(扁桃), 즉 아몬드를 말한다. 여기서는 만
   돌라와의 상관관계를 부각하기 위하여 선례에 따라 독일어 발음인 '만델
   (Mandel)'을 그대로 살렸다.[전영애, 『어두운 시대와 고통의 언어—파울
   첼란의 시』(문학과 지성사, 1986) 및 첼란 시선집 『죽음의 푸가』(전영애
   옮김, 민음사, 2011) 그리고 파울 첼란 시집 『아무도 아닌 자의 장미』(제
   여매 옮김, 시와 진실, 2010) 참조.] 아몬드 나무는 유대인 성경인 타나크
   (Tanakh)와 기독교 구약성경에서 중요한 의미를 갖고 자주 등장하는데,
   우리말 성경에서 '아몬드'는 대체로 꽃과 열매가 비슷한 같은 과 식물인
   '살구'로 번역되어 있다. 아몬드는 이렇게 예부터 유대민족과 깊이 결부
   되어 왔으며, 이에 따라 '아몬드 모양의 눈(Mandelauge)'은 유대인 특유의
   갸름한 눈을 가리키기도 한다. 첼란의 시에서 '만델(아몬드)'은 특히 홀로
   코스트에 희생된 유대인들과 결부되는데, '만델' 혹은 '아몬드'가 등장하
   는 시로는 「만델을 헤아려라(Zähle die Mandeln)」(I, 78)가 있으며, 「촛불
   하나 켜 놓고(Vor einer Kerze)」(I, 110)와 「추념(Andenken)」(I, 121)에서

는 '아몬드 모양의 눈'이 언급된다. 이밖에 첼란은 '만델'을 유대계 러시아 시인 오십 만델스탐(Ossip Mandelstam; 1891-1938)과도 연결시키는데, 만델스탐의 이름을 의도적으로 'm' 두 개를 써서 'Mandelstamm'으로 표기하면서 '만델 나무(아몬드 나무)'와의 연관성을 부각시킨다('Stamm'은 독일어로 '나무줄기'를 의미). 첼란은 만델스탐으로부터 많은 영향을 받았는데, 만델스탐은 그에게 박해받은 유대인과 쫓겨난 시인의 상징과 같은 존재이다. 『아무도 아닌 자의 장미』는 만델스탐에게 헌정되었으며, 만델스탐과 직·간접적으로 연결되는 시들이 상당수 수록되어 있다. 시 「사기꾼과 건달의 노래(Eine Gauner u. Ganovenweise)」(I, 229)와 「서커스와 성채가 있는 오후(Nachmittag mit Zirkus und Zitadelle)」(I, 261)에서 만델스탐의 이름이 유희적으로 변형되면서 상기되며, 「흑토(Schwarzerde)」(I, 241)와 「모든 것이 다르다(Es ist alles anders)」(I, 284) 같은 시들도 만델스탐에게 헌정된 작품이다.

4 기독교 종교철학과 유대교 신비주의에는 신이 '무(無)'와 연결되는 사상이 존재한다. 신플라톤주의의 영향을 받은 신에 대한 해석에서 완전한 신은 무한하며 그래서 인간의 개념으로는 인식불가능하고 규정불가능하다. 규정은 어떤 것이든 제한적일 수밖에 없기 때문이다. 이러한 맥락에서 '무'는 아무것도 존재하지 않는 상태이기보다 창조 이전의 미분화된 상태를 가리킨다. 신플라톤주의를 얼마간 수용한 카발라에서 무한한 신은 '아인 소프(אין סוף, Ein Sof 또는 Ayin Sof)'라고 일컬어지며, 창조 이전의 '무'의 상태를 '아인(אין, Ayin)'이라고 한다. 여기서 자신을 드러내지 않고 아직 분화되지 않은 창조 이전의 상태에서의 신은 곧 '무'이기도 하다. 첼란의 시에서 신적인 창조의 모티프는 곧 시 창작과 연관되는데, 볼락이 여기서 해설하는 시 「문 앞에 서 있던 어떤 이에게」에서 언급되는 '살아 있는 무(lebendige Nichts)'는 이러한 맥락에서 '존재가 부정'되어 있는 상태가 아닌 창작의 전제가 되는 상태로 이해할 수 있다. 그런데 '무'를 뜻하는 '아인'은 히브리어로 '눈'을 가리키는 말 '아인(עין, Ayin)'과 발음이

매우 유사하기도 하다. 시「만돌라」에서는 '무' 외에도 '눈'의 모티프가 매우 부각되는데, '무'와 '눈'은 만델 모양의 만돌라에 의해 이어질 뿐만 아니라, 발음상으로도 연결된다고 할 수 있다. 이러한 측면에서 여기에서의 '눈'은 '무'에 근원을 두는 어떤 정신성을 나타낸다고 볼 수 있다.

5 유대인의 왕(rex judaeorum): 이 말에 담겨 있는 종교적 함의 외에도 그 것에 내포되어 있는 정치적 함의도 함께 생각해야 할 것이다. '유대인의 왕'은 전통적으로 메시아(구세주)를 가리키는 말로 사용되었으며, 기독교에서 '왕'이라는 칭호는 천국의 주인으로서의 그리스도의 권세를 나타낸다. 그런데 유다(유다이아) 지방을 점령한 로마인들은 그 칭호를 정치적으로 받아들여 예수를 로마제국에 대한 반란죄로 처형했다. 예수의 십자가 위에 걸린 문구 '유다인의 왕 나자렛 사람 예수(Iesus Nazarenus Rex Iudaeorum)'(INRI)는 처형 이유가 된 죄목을 알리는 역할을 한 것이었으며, 조롱의 뜻도 담겨 있었다.

6 왕의 푸른색(Königsblau): 짙은 푸른색의 '로얄 블루(royal blue)'를 말함. 이 색은 '비어 있는 만델'을 채우는데, 이는 만돌라 안을 채우는 배경색과 연결된다. 만돌라의 배경은 푸른색인 경우가 많은데, 푸른색은 하늘과 왕의 권세를 나타내는 색으로 많이 사용되어 왔다. 그런데 여기서의 푸른색은 종교적인 '성스러움'이 상실된 '무'의 상징으로 의미 전환이 이루어지고 있다.

7 유대인의 곱슬머리: 첼란의 시에서 곱슬머리는 유대인을 가리키는 환유적 표현으로 자주 나타나는데, 볼락은 여기서 특히 정통 유대교에서 남자들이 율법에 따라 관자놀이 양 옆의 머리를 자르지 않고 길게 늘어뜨린 모습을 말한다.

입장 정립

Die Stellungnahme

입장 정립

  시를 구성하는 요소들이 특수하더라도 의미론적 조합들은 매번 새롭게 일회적으로(punktuell) 절대화되면서 새로운 세계들을 창조해냅니다. 이러한 세계들 안으로 내딛는 것은 어렵지만, 한 번 들어서고 나면 다시 빠져나오기 힘듭니다. 그리고 시 모음집은 마치 성경과 같이 끝없는 해설을 요하게 됩니다. 상대적인 시각은 객관화가 이루어질 때에도 포기될 필요가 없습니다. 그 과정은 대상을 이미 객관화하는 관찰 중인 작가 자신의 성찰에서 이루어집니다. 첼란은 시 작품에서뿐만 아니라 준비노트에서도 자신을 글을 쓰는 이로서 연출했습니다. 시어들 곁에 언제나 자기 자신과의 만남을 꿰뚫어보고, 지켜보며, 모순을 폭로하는 누군가가 존재합니다. 말하기의 문제는 창작과정 속으로 통합되었습니다. 독자는 스스로 질문해야 합니다. 물론, 텍스트 안쪽에서 질문을 끄집어내야 하는 것이지만, 자기 자신의 경험을 바탕으로 질문해야 합니다. 해독은 어떤 관점을 상정하게 합니다. 독자는 자신을 시에 그냥 내맡길 수만은 없는 것입니다. 그리하여 첼란의 작품을 읽을 때에는 문헌학적이고 해석학적인 해독 후에 자신의 입장을 잃지 않는 것이 결국 중요합니다. 어떤 사안에 대한 지성적인 논쟁과 관련된 입장표명일 경우, 독자의 입장은 글을 읽은 후에도 고려되어 있습니다. 이때 여기서 마주하게 되는 것은 흔히 생각하듯이, 읽는 것으로 인하여 새롭게 해방되는 텍스트 자체의 창조적 힘이 아니라(본래의 주관성이 별개로 유지됨으로), 간혹 경구처럼 응축된 형태로 전달되는 조망에 대하여 감상 후(post festum) 스스로 고민해 보라는 텍스트 속에 내포되어 있는 요구입니다.

저자에 대하여[*]

Jean Bollack
장 볼락

장 볼락(1923-2012)은 프랑스 알자스 주 스트라스부르 (Strasbourg)의 전통적인 유대인 가정에서 태어나 프랑스어 와 독일어를 같이 사용하는 환경에서 자랐다. 곡물상이었던 아버지가 사업상 스위스 바젤(Basel)로 이주한 덕분에, 가족 은 독일 국가사회주의 시절을 스위스에서 보내게 되어 살아 남을 수 있었다. 볼락은 바젤에서 김나지움을 다니고 대학 시절 몇 년을 보내다가 종전 이후는 파리에서 생활하게 되 었다. 그는 바젤 시절 알베르 베겡(Albert Béguin) 등의 영향

---

[*] 이 책의 저자인 장 볼락에 대한 소개는 원서가 출간된 시점(2005)을 고려하여 약간의 보충을 한 것이다. 말미의 사후 출간된 책에 대한 언급도 마찬가지이다. ─ 편집부

155

을 받으며 고전 철학과 문헌학을 공부했으며 파리에서도 같은 연구를 이어갔다. 볼락의 초기 연구는 철학사와 우주론에 집중되었으나, 이후 점차 문학으로 관심이 옮겨갔다. 고전 문헌학과 현대문학이라는 두 영역에 걸친 학문적 훈련은 이후 전 생애에 걸친 연구 업적의 토대가 되었다. 그는 고대 그리스문학 연구자로 처음 알려졌지만, 20세기 시 문학에 대한 그의 연구는 프랑스어와 독일어에 걸쳐 방대한 스케일을 지닌다. 그가 수행한 비평 작업은 프랑스와 독일(Franco-German)의 교차로에서 고려되어야 하며, 고전 문학의 전통과 페터 쏜디(Peter Szondi)와의 우정을 통해 강화된 해석학적 전통의 상속인으로 자리매김했다. 그의 그리스 비극 연구는 문헌학적 연구 외에도 실제 공연을 위한 현대화된 번역 작업과 연결되며, 해석학과 문학이론에 토대를 둔 엄격한 현대문학 비평 작업을 이어갔다. 페터 쏜디, 게르숌 숄렘(Gershom Gerhard Scholem)과 피에르 부르디외(Pierre Bourdieu)와 더불어 파울 첼란의 지인으로 현대 시 문학, 그 중에서도 특히 파울 첼란의 시 연구에서의 권위를 인정받았다.

1955년부터 3년간 독일에서 생활하면서, 새로 설립된 베를린 자유대학에서 강사직을 맡았으며 동시에 파리의 국립과학연구센터(Centre national de la recherche scientifique, CNRS) 연구원을 겸하였다. 이후에는 1958년부터 퇴임까지 릴 대학에서 강의했다. 피에르 부르디외가 이 대학에 강사로 있던 시절 그와의 공동 작업을 통해 지식의 전달 형태에서의 제도의 영향에 관해 주목하게 되었다. 1967년에는 텍스트의 이해와 몰이해를 연구의 중심에 두고 특히 이론적 문제들을 중시하는 문헌학 연구소(Centre de recherche philologique)를 세웠으며, 파리의 인문학연구재단에서 문헌학의 사회사와 해석의 제도적 조건을 연구하는 팀을 구성하고 이끌었다. 1971년과 1982년에는 각각 미국 프린스턴 고등연구소(Institute for Advanced Study)와 베를린 고등연구소(Wissenschaftskolleg)에서 머물기도 했다. 학문적 커리어의 초반과 말기에 프랑스의 국립과학연구센터의 지원을 받아 연구할 수 있었을 때와 마찬가지로 그는 이곳들에 머물면서 자신이 진행하고 있는 연구에 많은 자극을 받을 수 있었고, 여러 학자들과의 귀중한 만남을 갖기도 했다.

그는 일생 동안 고전 문헌학과 해석학, 문학이론에 걸쳐 방대한 연구 업적을 남겼다. 헤라클레이토스와 에피쿠로스를 집중적으로 다룬 책들을 포함, 해설과 상세한 해석의 역

사를 두루 포함한 아이스킬로스의 『아가멤논』(총 3권), 소포
클레스의 『오이디푸스 왕』(총 4권)과 『엠페도클레스 연구』(
총 3권)를 비롯하여 수많은 저술과 번역이 있다. 해석학 기초
연구서인 『의미 대 의미—해석은 어떻게 하는 것일까?(Sens
contre sens— Comment lit-on?)』가 있으며, 첼란 연구로는
1972년 쏜디가 펴낸 『첼란 연구(Celan-Studien)』의 서문부터
시작하여 포괄적인 해설서인 『글(짓기), 첼란의 시에 담긴 시
론(L'Ecrit, Une poétique dans la poésie de Celan)』(1999) 등 다
수가 있다. 동시대의 예민한 지성 가운데 한 사람으로 평가
받았던 그는, 2012년 파리에서 뇌출혈로 사망했다. 문예지
『끄리티끄(Critique)』는 '장 볼락의 문학작품 읽기(L'Art de lire
de Jean Bollack)'(Critique N° 672, 2003)를 특집으로 다룬 바 있
으며, 2013년 그가 죽은 지 1년 뒤 생전에 기록해온 사회와
문학에 대한 일기나 편지를 포함한 단편적인 글들을 모은
1160쪽에 이르는 두꺼운 책 『Au jour le jour(나날들)』(Presses
Universitaires de France-PUF)이 출간되었다. 고대로부터 근
대, 호메로스(Homeros)에서 파울 첼란, 사포(Sappho)에서 말
라르메에 이르기까지 실로 다양한 주제에 대한 글을 통해 해
석학(Hermeneutics) 또는 해독의 기술이 모든 정치적, 문학적
현실에 적용되는 사례를 확인할 수 있다.

[그리스 고전 관련 주요 저서]

Empédocle, Bd. I: *Introduction à l'ancienne physique*. Paris, Editions de Minuit, 1965; Bd. II-IV: *Les Origines. Edition, traduction et commentaire des fragments*. 1969. "Tel" 시리즈, Paris, Gallimard, 1992. (총 3권으로 증보판 나옴.)

L'Œdipe roi de Sophocle. Le texte et ses interprétations, Bd. I: *Introduction, texte, traduction*; Bd. II-IV: *Commentaire*. Lille, Presses Universitaire du Septentrion, 1990.

독일어 번역본: Sophokles, *König Ödipus*, in 2 Bdn., Frankfurt am Main, Insel Verlag, 1994. 『오이디푸스 왕』의 독일어 판본 1권은 그리스 원문과 번역 그리고 해설 일부가 수록되어 있음[역자: 레나테 슐레지어(Renate Schlesier)]. 2권은 신화와 작품 그리고 작품 수용사에 대한 논문들이 수록되어 있음[역자: 베아트리체 슐츠(Beatrice Schulz)].

『오이디푸스 왕』에 대한 불어 논문들은 *La Naissance d'Œdipe* (traduction et commentaires d'Œdipe roi). Paris, Gallimard, "Tel", 1995)에 실려 있음. 추가로 함께 보면 좋은 논문으로는 안티고네의 죽음에 대한 다음 논문이 있음: *La Mort d'Antigone. La tragédie de Créon*. Paris, Presses Universitaires de France, 1999.

[첼란 관련 주요 저서]

Pierre de Cœur. Un Poème inédit de Paul Celan, "Le Périgord". Périqueux, Fanlac, 1991. 독일어 번역본: 베르너 뵈거바우어(Werner Wögerbauer) 역, *Herzstein. Über ein unveröffentlichtes Gedicht von Paul Celan*. München, Hanser, 1993. / 스페인어 번

역본: 아나우 폰스(Arnau Pons) 역, *Piedra de corazón. Un poema póstumo de Paul Celan*. Madrid, Arena, 2002. (스페인어 판본은 개정된 원고를 바탕으로 함.) ―첼란 사후에 공개된 시 「르 페리고르(Le Périgord)」에 대한 해설.

L'Écrit. Une Poétique dans l'Oeuvre de Paul Celan. Paris, Presses Universitaires de France, 2003. 독일어 번역본: 베르너 뵈거바우어 역, *Paul Celan. Poetik der Fremdheit*. Wien, Zsolnay, 2000. 첼란의 시론을 이론적 바탕에서 해설하고자 하는 시도이며, 장 볼락의 첼란 관련 논문들 목록이 있음.

Poésie contre Poésie. Celan et la Littérature. Paris, Presses Universitaire de France, 2001. 독일어 번역본: 베르너 뵈거바우어 역, *Dichtung wider Dichtung. Paul Celan und die Literatur*. Göttingen, Wallstein, 2006.

Jacob Bernays. Un homme entre deux mondes. Lille, Presses Universitaires du Septentrion, 1998. 독일어 번역본: *Ein Mensch zwischen zwei Welten. Der Philologe Jacob Bernays*. Göttingen, Wallstein, 2009. 야콥 베르나이스의 사례를 통하여 본 19세기 독일의 유대인들의 상황에 대한 연구서.

Sens contre Sens. Comment lit-on? Entretiens avec Patrick Llored. Genouilleux, La Pass du vent, 2000. 독일어 번역본: 레나테 슐레지어(Renate Schlesier) 역, *Sinn wider Sinn. Wie liest man? Gespräche mit Patrick Llored*. Göttingen, Wallstein, 2003. 비판적 해석학을 다루고 있음.

장 볼락의 파울 첼란 시 읽기

윤정민

1

이 강연 텍스트의 저자인 장 볼락(Jean Bollack; 1923~2012)
은 첼란 시 문학 연구의 최고 권위자들 중 한 명에 손꼽히며,
그는 많은 첼란 연구와 해설을 남겼다. 볼락은 고대 철학과
고전 문학만이 아니라, 해석학과 현대 문학이론, 그리고 유
대교와 유대 문화에 대한 폭넓은 지식에서 출발하여 첼란 시
작품을 남다른 시각과 깊이를 갖고 해석한다. 물론 그의 첼
란에 대한 이해와 관점은 첼란과의 개인적인 친분에서 나온
것이기도 하다. 볼락은 첼란 작품은 물론이고, 많은 전기적
자료들뿐만 아니라 다른 연구자들의 첼란 연구까지 조감하
고 있는 만큼, 그는 이 강연 텍스트에서 많은 사실들을 이미
전제로 하면서 출발한다. 볼락의 해설은 그만큼 첼란에 대한
배경지식이 부족하다면 다소 어려운 점이 있다.

볼락은 첼란의 시에 대한 비의(秘儀)적이고 신비주의적인 이해에 대항하여 첼란 시의 시사성과 현실기반성을 강조하면서 거의 대부분의 기존 해설들을 비판한다. 단편적인 이미지와 종교적 모티프들, 특히 유대교 신비주의인 카발라(Kabbalah)에서 가져온 개념들은 첼란의 시 작품들이 비의적이며 신비주의적이라는 인상을 갖게 하였다. 첼란은 특히 시집 『언어창살(Sprachgitter)』(1959)에서 고통을 형상화할 수 있는 새로운 시적 언어를 탐색했는데, 보다 '어두워지고' 단편화된 언어는 지나치게 추상적이고 이해를 거부하는 것으로 비쳐져 너무 비의적이라는 비판을 받았는가 하면, 시집 『아무도 아닌 자의 장미(Niemandsrose)』(1963)는 종교적인 모티프들이 전에 비해 두드러진다는 점에서 여기서부터 첼란의 종교로의 회귀가 나타난다는 오해를 받고 신비주의적으로 해석되곤 했다. 그런데 볼락은 종교에서 가져온 이러한 모티프들도 비판적 의도로 현실적 맥락에서 사용된 것임을 강조하고, 첼란의 시를 그러한 관점에서 해석한다. 첼란의 시는 허상으로 남는 초현실주의적 시와는 구분되며, 구체적인 대상을 상정한 깊은 사회적 참여의식에서 출발한다.

볼락은 첼란의 시에서 단어 하나하나가 갖는 깊은 뜻에

주목하는데, 그는 쏜디의 해석학적 방법론에 따라 시 자체에 대한 꼼꼼한 정독과 더불어 전기적 사실정보들을 시 밖에서 끌어 온다. 볼락에 따르면 대부분의 첼란 시들은 구체적 사실 혹은 실질적인 계기에 기반을 두고 있으며, 그의 작품은 일종의 '시적 일기(Poetisches Tagebuch)'라고도 볼 수 있다. 볼락은 그러한 시의 구체적인 현실적 기반을 '개별적이고 특수한 것(das Partikulare)'이라고 지칭하는데, 시와 시어 하나하나는 그 특수한 배경에 따라 매번 새롭게 해석되어야 한다는 점을 환기시킨다.

볼락은 시를 개별적인 맥락과 배경을 무시한 채 친숙한 지평 안에서만 해석하고자 하는 해석은 쉽게 오독에 이르고 오히려 첼란의 의도와는 정반대의 해석을 하게 된다는 점을 지적한다. 이러한 맥락에서 하이데거 언어철학에 기반을 두는 존재론적 해석에만 머물거나, 하이데거를 계승하여 텍스트의 내재적인 해석에만 집중하는 가다머식 해석*을 비판한다. 첼란의 시를 하이데거의 존재론적 언어철학에 입각해서 해

---

* 가다머는 첼란의 시집 『숨결돌림』에 담겨 있는 시 하나하나를 해석하는데, 그는 이때 시의 배경이 되는 외부적인 사실들은 보지 않고, 시 자체에서 추론될 수 있는 내용을 보는 것이 더 중요하다는 태도를 취한다. 그는 이와 같이 비의적인 시를 이해하기 위해, 사실배경에 대한 선지식이 꼭 있어야 한다고 생각하지 않는다. 궁극

석하고자 하는 시도들이 그동안 적지 않았는데, 존재론적 관점에서 본질적인 것을 추출해내고자 하는 방식은 '개별적이고 특수한 것'을 중요시한 첼란의 의도에 위배된다는 것이 볼락의 입장이며, 하이데거식 해석에 대한 직·간접적 비판이 텍스트 곳곳에서 발견된다. 하이데거와 첼란의 관계는 많은 논란의 대상이 되어 왔는데, 첼란이 하이데거의 언어철학을 관심 있게 읽은 바 있고*, 첼란의 언어에 대한 관점이 하이데거의 언어철학과 많은 유사점을 보이는 것은 사실이다. 그러나 첼란은 하이데거를 어디까지나 자신의 고유한 입장에서 비판적으로 수용한 것이며, 그의 입장과 시론을 하이데거의 사상과 동일시하는 것은 유의하지 않으면 안 된다. 실제에 있어 첼란은 하이데거의 사상을 어느 정도 존중하고 받아들였다 하더라도, 나치와의 관계에서 그를 경계했으며 거리를 취했다.

적으로 중요한 것은 주어진 텍스트이며, 가다머는 그러한 텍스트(시) 자체에서 추론될 수 있는 내용에 더 큰 가치를 부여한다. (Hans Georg Gadamer: *Wer bin ich und wer bist du? Ein Kommentar zu Paul Celans Gedichtfolge »Atemkristall*, Frankfurt am Main, 1973, 특히 서론의 9쪽 이하 참조.)

* 첼란이 하이데거를 공부한 흔적들은 많이 남아있는데, 첼란이 읽은 하이데거 저서들과 관심을 둔 주제들에 대해서는 Hadrien France-Lanor: *Paul Celan und Martin Heidegger*, Freiburg 2007, 65쪽과 73쪽 참조.

2

강연 텍스트에서 볼락은 첼란이 자신의 유대인으로서의 정체성을 어떻게 받아들였는지, 그리고 유대인으로서 독일어로 시를 쓴다는 것이 그에게 어떤 의미를 갖는 지에 초점을 맞춘다.

첼란에게 자신의 유대인으로서의 정체성은 매우 중요한 문제였다. 그런데 첼란은 단순히 유대인으로서 태어났기 때문에 자신의 정체성을 수동적으로 받아들인 것이 아니다. 볼락은 첼란이 자신의 유대인으로서의 정체성을 깊은 성찰을 바탕으로 자발적으로 받아들인 것임을 강조한다. 여기서 첼란에게 유대인이라는 것은 홀로코스트의 희생자만을 의미하지 않는다. 나치 이전에 오랜 역사 속에서 박해받아온 유대인은 그에게 '영원한 타자'로서의 의미를 갖는다. 그리고 그러한 의미에서 첼란에게 '유대인'이라는 개념은 모든 주변적이고 타자화된 존재들로 확대되며, 이들과의 연대를 의미하고 본질적인 인간성에의 추구를 내포하고 있다. 이렇게 스스로 영원한 유대인, 영원한 타자가 되기를 택한 첼란은 인간성의 대변인이 되어 중심이 아닌 주변에서 모든 것으로부터 거리를 취하며 날카로운 비판을 행했다.

이와 같이 절대적이고 비타협적인 비판과 현실고발을 추구하는 첼란의 입장에서 넬리 작스와 마가레테 주스만과 같은 작가나, 아도르노와 부버 같은 지식인들은 비록 유대인과 관련된 주제들을 다루는 경우에도 '유대인'으로서의 태도가 부족했다.* 첼란의 입장에서 이들은 주변인으로 남지 않고 사회에 통합되고 인정되는 것을 택한 것이다. 이들의 독일어는 첼란이 보기에 '주변성'이 부족한 '독일적인 유대인의 언어(Deutsch-Jüdisch)'이다. 반면에 첼란은 언어적 측면에서도 이와 대비되는 '유대인의 독일어(jüdisches Deutsch)'를 추구하며, 주변인으로서의 비판적 태도를 언어에도 적용한다. 이렇게 첼란은 자신의 주체적 관점에 따라 독일어와 함께 특정한 전통을 이어가는데, 그가 이 독일어와 함께 계승하는 것은 바로 독일의 비판적 계몽주의 정신이다. 그것은 권위적인 억압에 저항하는 비판정신과 표현의 자유에 대한 추구를 뜻하며, 그러한 점에서 '유대인적인 것'과 맥을 같이한다. 그리

---

* 이들 유대인과의 관계에 대해서는 옮긴이 주(33쪽, 42쪽, 126쪽) 참조.

고 첼란에게는 이것이야말로 진정한 본래의 독일어인 것이다.

나아가 볼락은 첼란이 자신의 유대인으로서의 정체성에 대한 고찰에 기반을 둔 실험적 언어를 통하여 표방하는 시 문학의 성격을 소개하는데, 여기서 볼락은 '숨'과 정신성을 아우르는 '프네우마(Pneuma)'*라는 개념을 첼란의 시 문학을 관통하는 핵심 개념과 시론적 원리로 제시한다. 숨 혹은 숨결은 첼란의 전 작품을 통틀어 자주 등장하는 개념인데**, 후기 시집인 『숨결돌림(Atemwende)』(1967)의 제목에서도 사용한다는 점에서 이 개념이 첼란 자신에게도 얼마나 큰 의미를 갖는지 알 수 있다.***

'프네우마'는 우선 들숨과 날숨의 수축과 이완에서 나타

---

* '프네우마의 차이' 장의 옮긴이 주 (85쪽)도 참조.

** '숨(Atem)'은 『언어창살』부터 차츰 등장하여 『아무도 아닌 자의 장미』와 『숨결돌림』에서 특히 많이 등장하며, 「자오선」에서도 중요하게 거론된다.

*** '프네우마(독일식 발음으로는 프노이마)'라는 표현은 첼란의 시에서도 등장한다. 시 「베네딕타(Benedicta)」(I, 249)에서 첼란은 수태고지의 모티프를 변형하고 기독교 그리고 유대교의 구원사에서 취한 모티프들과 결합시키면서 어떤 말하기의 문제와 시론적 문제를 주제화한다. 프네우마는 여기서 더 이상 성모가 잉태하는 성령만을 뜻하지 않고, 어떤 전통의 전승 그리고 시적 영감과 연결된다.

나는 숨의 리듬과 역동성과 연결되며, 나아가 그러한 움직임이 내포하는 이중성과도 연결된다. 볼락은 첼란의 초기 시에서 아직 남아 있는 리듬감에서도 이미 이 원리를 발견하는데, 첼란이 시에서 다루는 대상에게 다가가면서도 동시에 거리를 취하는 이중적 움직임도 이 원리로 해석한다. '프네우마'는 또한 숨이 갖는 생명성, 그리고 살아 생동하는 것과 연관되면서 개인적이고 본질적인 것과도 이어진다. 첼란은 뷔히너상 수상연설인 「자오선(Der Meridian)」(1960)*에서 현대시가 가야할 길에 대하여 말하면서 '예술(Kunst)'을 비판하고 시 문학을 이러한 '예술'로부터 구분한다. 첼란에게 '예술'은 그것에 어원상 내포되어 있는 '인공성(Künstlichkeit)'이 각인되어 있으며, 그러한 것으로서 그에게 현대 예술은 생명이 결여되어 있다. '인공성'이 특징인 현대 예술은 그저 기계적으로 '생산'되는 것이며, 인간성과 '인격'을 상실하고 있다. 첼란은 이와 같은 예술 개념에 '피조물성(Kreatürlichkeit)'이라는 개념을 대비시키는데, '창조(Kreation)'를 어원으로 두고 있는 '피조물성'에서 '예술적 창조'는 '조물주의 창조'와 연결되며, '피조물(Kreatur)'에서는 본질적 생명이 부각된다.

---

* Ⅲ, 187-202, '유대인의 독일어' 장의 옮긴이 주(54쪽) 참조.

여기서 '프네우마'는 피조물에게 생명을 불어넣는 '숨' 혹은 '영(靈)'으로서 연결된다. 첼란이 추구하는 시 문학은 이와 같이 생명이 부여된 '피조물성'을 따르며, 그러한 시 문학은 볼락이 이 강연 텍스트에서 계속 강조하고 있는 개인의 '인격(Person)'을 담고 있다. '인격'이라는 개념은 개인적이고 주체적인 인식을 내포하면서, '인공적'인 것에 대비되는 '인간성'을 담고 있는 개념으로 사용되고 있다.

이에 더하여 '손(Hand)' 또한 첼란에게 중요한 의미가 있는 개념인데, '손' 역시 마찬가지로 '인격성'을 나타낸다. 첼란에게 '손'은 글쓰기와 이어져 있으며, 매우 본질적이고 개인적인 것으로서 인격과 더불어 인간성도 내포하고 있다. 첼란은 한스 벤더*에게 보낸 편지**에서 '시는 어떻게 만들어지는가'라는 질문에 대해 자신은 시를 '악수(Händedruck)'와 '수작업(Handwerk)'으로 생각한다고 답변하는데, 첼란에게 시 문학은 인격적인 존재가 담겨진 '수작업'과도 같은 것이며, 시에 각인되듯이 담겨진 '인격'은 시를 통해 '악수'를 할 때와 같이 전해진다. 이처럼 첼란에게 시는 자신의 본질적

---

* '프네우마의 차이' 장의 옮긴이 주(85쪽) 참조.

** III, 177이하.

존재와 깊은 연관성을 맺고 있으며, 그는 자신의 존재를 온전히 시 안에 담는다. 여기서 하이데거의 영향이 엿보인다. 하이데거는 '손'을 '존재론적'으로 해석하며, 인간의 존재론적 근간으로 보고 있다. 하이데거의 사상에서 이러한 '손'의 존재양식은 인간의 언어에 내재하는가 하면, 그러한 것으로서 사유양식과 밀접하게 연관되고 진리를 담아내는 근간이 된다.* 하이데거에게 사유나 시 문학도 특히 그러한 의미에서 '수-작업(Hand-Werk)'이다. 하이데거는 그의 예술론에서 예술작품을 예술작품답게 만드는 것은 그 안에서 진리가 정립되기 때문이라고 하는데, 여기서도 작품(Werk)을 창조하는 근간이 되는 '수작업' 혹은 '수공'은 작품을 만드는 재주를 의미한다기보다도 '존재(Sein)', 즉 '진리'를 드러내 보이는 것과 관련된다.**

그런데 첼란은 '수작업'과 '손'에서 어떤 본질적인 진리를 보는 것이 아니라, 개인적이고 인격적인 측면을 본다. 첼란은 언제나 어떤 개인에게 속하는 '손'이 갖는 이 '인격성'

---

*   하이데거: 『사유란 무엇인가』, 권순홍 역, 길 2005, 131쪽 이하, 참조.

**   하이데거: 『예술작품의 근원』, 오병남, 민형원 공역, 예전사 1996, 특히 72쪽 이하 참조.

이야말로 올바른 예술의 본질적 요소로 보고 있다. "진실한 손만이 진실한 시를 쓴다."* 그리고 '손'을 통해 시에 전해지는 인격 혹은 인간성은 시를 생산품처럼 취급하고 모종의 효과를 노리는 '권모술수(Machenschaft)'에 저항한다. 첼란은 '계략' 혹은 '음모'를 의미하는 이 표현의 어원인 '만들기(Machen)'를 상기시키면서, 시를 기교와 기예(Artistik)로 취급하는 문단을 비판한다. 여기에는 첼란의 시를 두드러지게 하는 근본적인 차이를 인식하지 못하는 표절시비**에 대한 비판도 담겨 있으며, 아울러 그것은 국가사회주의 아래에서 행해진 조직적인 유대인 박해를 상기시키면서, 표절시비에 개입된 반유대주의에 대한 비판이 되기도 한다. 첼란이 겪은 이른바 '골-사건(Goll-Affäre)'은 현실적인 과거청산의 이면에 반유대주의가 여전히 뿌리박고 있는 독일 문단에서 첼란의 시 세계에 대한 이해가 얼마나 부족했던가를 여실히 드러낸 사례였으며, 또한 시인으로서의 정체성과 유대인으로서의 정체성이 첼란에게 얼마나 중요하고 서로 맞물려 있었는지 잘 보여주는 사건이었다.

---

* "Nur wahre Hände schreiben wahre Gedichte." (III, 177)

** '발견한 자유' 장의 옮긴이 주(115쪽) 참조.

3

볼락은 이 강연 텍스트에서 자신이 강조하는 첼란의 시 세계가 갖는 특징을 요점적으로 잘 보여주는 시 3편을 함께 해설한다. 볼락은 시 「생각해 보라(Denk dir)」, 「문 앞에 서 있던 어떤 이에게(Einem, der vor der Tür stand)」, 그리고 「만돌라(Mandorla)」에서 각각 첼란의 현실참여의식과 현재성, 저항의식 그리고 자유와 인간성에 대한 추구를 읽어낸다. 볼락은 단어 하나하나가 갖는 의미의 깊이와 시인의 시적 언어에 대한 성찰에 주목하게 하며, 시에서 의미의 중첩과 확장 그리고 전환 및 역설이 어떻게 작용하면서 시적 내용을 형성하게 되는지 보여준다.

볼락은 차례대로 단어 하나하나를 짚어가면서 각 단어들에 담긴 깊은 뜻을 해설한다. 이 작업은 사실 폭 넓은 배경지식을 요하는데, 볼락도 인정하듯이 단어 하나하나가 갖는 깊은 뜻을 다 찾아내기란 분명 쉽지 않다. [각 시에 대한 전기적 배경은 고사하고] 유대인 문화와 서양문학사가 낯선 한국인에게는 더욱 더 알기 어려운 것일 수밖에 없다. 그럼에도 첼란의 시는 깊은 정독이 필요하다. 첼란은 그의 시를 어떻게 이해하면 좋을지에 대한 질문에 다음과 같이 답한 적이 있다: "읽으십시오! 계속 읽어보십시오, 이해는 저절로 올 겁니다."* 그것은 고정된 의미들에 대한 선입견을 버리고 시어들이 제시하는 의미망을 따라가기를 요구하는 것이다. 이때 시의 배경이 되는 모든 사실들과 단어 하나하나에 담겨 있는 의미의 폭을 전부 다 알지는 못하더라도(물론 다 안다고 하더라도 시가 저절로 해석되는 것은 아니지만), 첼란이 시를 쓰는 배경과 의도를 염두에 두는 태도는 반드시 요청된다. 시를 자신의 익숙하고 제한된 지평 내에서만 해석한다면 쉽게 오독과 왜곡에 이르게 된다.

볼락이 해설하는 첫 번째 시 「생각해 보라」는 첼란이 1967년 이스라엘과 아랍연맹 사이에서 일어난 제3차 중동전쟁 당시 쓴 시로서 시사성이 매우 큰 시인데, 사건에 대한 시인의 흥분과 기대가 고스란히 느껴진다. 볼락은 이 시가 내포하는 정치성과 시인의 참여의식을 강조한다. 이 시는 물론 이스라엘에 대한 연대감을 나타내고 있지만, 동시에 이스라

---

*   John Felstiner: *Paul Celan. Eine Biographie*, München 1997, 237쪽: "Lesen Sie! Immerzu nur lesen, das Verständnis kommt von selbst."

엘과 유대 민족 뿐만 아니라 모든 억압에 대한 연대를 표방
하고 있다. 시에서 강제수용소의 '늪지대 병사들'과 고대 이
스라엘 요새 마사다를 지키다 정복을 거부하고 자살한 유대
인 저항군들이 하나로 연결되는데, 시인은 현재의 사건을 역
사와 연결 지으면서 거기서 역사적으로 계속된 유대인에 대
한 박해와 억압뿐만 아니라 나아가 모든 억압과 폭력에 대한
저항과 자유를 위한 투쟁을 본다. 그리고 시인은 시를 통하
여 희생된 이들과 함께하며 그 저항에 참여한다. 그렇게 하
여 되찾은 '고향'은 되찾은 이스라엘 땅을 말하는 것이기도
하지만, 볼락은 이를 시 안에서 실현되는 자유의 공간으로서
의 유토피아로 해석한다.

볼락이 다음으로 다루는 시 「문 앞에 서 있던 어떤 이에
게」는 주변인으로서 멸시되고 박해받는 유대인을 주제로 담
고 있으면서 동시에 시적 언어에 대한 성찰을 담고 있다. 이
시에서 나타나는 종교적 모티프와 그로테스크한 이미지들
은 많은 해석자들을 어리둥절하게 했으며, 대부분은 끔찍하
게 묘사된 것은 부정적인 것으로 지양(止揚)되어야 하는 것
으로 보고 신학적이고 구원론적인 해석에서 벗어나지 못했
다. 볼락은 다른 곳에서의 해설에서 첫 구절에 등장하는 '문'

을 다음 연에 바로 이어지는 화자가 열어 보인 '말(言)'로 통하는 문으로 보고, 여기서 그 '문'을 하이데거가 말하는 '언어의 집'으로 통하는 문으로 볼 수 있다고 하는데,* 이번 해설에서 볼락은 강연 주제의 특성상 이 시가 갖는 시론적이고 언어성찰적 측면보다는 유대인들과의 연대의식에 보다 큰 비중을 두고 강조하고 있다.

마지막으로 다루어지는 시 「만돌라」에 대한 해석은 시에서 나타나는 인간성의 추구에 초점이 맞춰져 있다. 시에서 나타나는 강한 종교적 이미지들 때문에 이 시는 존재론적으로 고찰되고 신학적이고 구원론적으로 해석되곤 했는데, 볼락은 신학적이거나 존재론적으로 접근하는 해석을 거부하며, 시가 갖는 억압에 저항하는 정치적 함의를 강조한다. 많은 해석자들이 기독교적 의미망에서 벗어나지 않은 것과는 달리, 볼락은 기독교적 이미지의 의미전환에 주목한다.

---

*   Vgl. Jean Bollack: *Dichtung wider Dichtung. Paul Celan und die Literatur*, Göttingen 2006, 112쪽.

4

이 강연 텍스트의 제목은 "파울 첼란—유대화된 독일인들 사이에서(Paul Celan—unter judaisierten Deutschen)"로 되어 있다. 그런데 여기서 "유대화된 독일인들"은 누구인가? 그것은 바로 당시 강연을 듣기 위하여 온 독일 청중들을 가리키는 것이다. 이 표제어는 첼란에 대한 관심과 애정이 분명히 남달랐을 청중들에 대한 감사와 예를 표하는 것이자, 또 첼란이 그가 바라던 '진정한 독자'들을 만났으리라는 희망과 기원이 담긴 표현이라고 할 수 있다. 텍스트는 비록 독일 청중과 독자들에 맞춰 쓴 것이지만, 첼란이 한국에 아직 많이 소개되어 있지 않는 상황에서 볼락의 첼란 해석이 압축적으로 담겨 있는 이 작은 책이 첼란을 사랑하는 많은 독자들이 첼란의 시 문학에 한 걸음 더 다가가고 보다 깊이 이해하는 데에 도움이 되기를 희망한다. 한국에서도 독일어와 독일 문학이 흘러온 역사에 대한 이해를 바탕으로 "유대화된 독일인"의 정신이 이어졌으면 하는 바람이다. 그러면 타자에 대한 연대의식과 시적 언어의 힘과 책임에 대한 성찰을 바탕으로 "유대화된 한국인"도 가능하지 않을까 기대해본다.

끝으로 이 자리를 빌어 은사인 장미영 교수와 전영애 교수에게 감사의 뜻을 전하고자 한다. 장미영 교수께서는 첼란을 처음 접하게 해주신 것에 대하여, 전영애 교수께서는 첼란 시 세계의 깊이를 알게 해 주신 것에 대하여 깊은 감사를 드린다. 또한 번역 과정 중 좋은 의견과 도움을 준 학우들과 여러 교수님들께도 고마움과 감사를 전한다. 특히 먼 곳에서도 많은 도움을 준 최가람에게 더없는 고마움의 인사를 전한다. 그리고 무엇보다 부족한 나를 믿어주고 번역할 수 있는 기회를 준 조효원 선배와 에디투스 출판사 관계자들께 감사의 인사를 드린다.

파울 첼란 연보

긍정적인 자기규정을 할 수 없는 유대인, 곧 파국에 처한 유대인은
세계에 대한 믿음을 결여한 채 이 세계에 적응해 가지 않으면 안 된다.
—장 아메리(Jean Améry)

우리는 모든 것을 잃었으나 한 가지가 우리 손이 닿는 거리에,
상실되지 않고, 가까이에 남아 있다. 그것은 바로 언어다.
—파울 첼란

파울 첼란의 삶에 대한 자료는 극히 빈곤하다. 편지나 대화 등을 통해 알 수 있는 것이 전부이다. 예컨데 프란츠 카프카의 『아버지에게 보내는 편지』(1919)나 오시프 만델스탐(Osip Mandelstam)의 『시간의 소음(The Noise of Time)』(1925)과 같은 중간 계급 유대인 가계의 성장 기록 같은 것이 그에게는 없다. 나치즘이 지워버린 어린 시절, 유대인으로서의 숙명, 중부 유럽 유대인 동화 과정의 흐트러진 결말에 대한 혐오를 동반하는 양가적인 감정 속에서 그는 지나온 삶의 서사를 구성해 볼 기회를 갖지 못했다. 이는 이 책의 저자가 말한 대로, 유대인 말살이라는 존재양식의 파괴가 자신이 추구하는 특정한 표상세계(Vorstellungswelt)의 파괴와 관련이 있기 때문일 것이다.

아래의 연보는 파울 첼란의 전기작가로 알려진 존 펠스티너(John Felstiner)의 글 「Paul Celan: The Strain of Jewishness」(『Commentary』, 1985. 4. 1)를 토대로 국내 연구자들이 쓴 연보나 연구 자료, 그밖에도 여러 책들의 관련 내용을 참고하여 작성한 것이다. 이 부족한 연보가 여전히 커다란 숙제로 남겨진 한 시인의 비극적인 삶의 편린이라도 이해하는 데 작은 도움이 되었으면 하고 바란다. 자료를 찾는 데 도움을 준 옮긴이에게 감사드린다.

—편집부

1920년— 11월 13일. 동부 유럽에 위치한 루마니아 북부 부코비나 (Bukowina)의 수도 체르노비츠(Czernowitz)에서 정통 유대인 집안의 외아들로 태어났다. 이 지역은 18세기 후반까지는 터키제국, 이후는 합스부르크제국의 지배를 받았으며, 제1차 세계대전후에는 루마니아령으로, 제2차 세계대전 말에는 소련 연방에 편입되기도 했다. 첼란이 태어난 것은 루마니아령이 된 직후였다. 합스부르크제국 시대의 부코비나는 우크라이나인, 루마니아인, 유대인, 독일인, 폴란드인, 헝가리인, 그 밖의 여러 민족이 대립적 요소를 품은 채 공존하는 다민족, 다언어, 다문화 지역이었다, 그 가운데 유대인이 상대적 다수(인구의 거의 50퍼센트)였고, 그들의 언어는 독일어였다. 루마니아령이 된 후 정부는 루마니아어를 국어로 하는 정책을 강요했으나 성공적이지 못했다. 이 지역 유대인들 사이에는 히브리어, 이디시어, 유대교, 유대 공동체의 전승이나 우화 등 유대 문화가 풍부하게 존재했다. 한편으론 20세기 전후 빈(Wien)에서 형성된 현대 문화 및 예술이 직접 수용되어 발전되었기 때문에 "작은 비엔나"로 불리기도 했다. 첼란의 기억 속에 고향 부코비나는 "사람과 책이 공존했던 곳"이었다.

건축기사인 아버지 레오 안첼 타이틀러(Leo Antschel Teitler)는 열성적인 시오니스트로 아들이 제도권의 우수한 교육을 받으면서 동시에 엄격한 정통 시오니즘 정신에 따라 성장하길 원했다. 그는 아들의 이름을 파울 안첼(Paul Antschel)이라 지었다. 전통적인 유대인 집안에서 태어난 모든 유대인은 태어난 지 8일째 되는 날 또하나의 이름('유대의 이름')을 얻는데, 첼란이 얻은 이름은 '페자흐(유월절)'로, 페자흐 안첼(Pesach Antschel)이 그의 또 다른 이름이었다. 아버지는 첼란이 독일어로 수업하는 학교에 다니는 것과는 별개로 김나지움에 입학하기 전 3년간 히브리어로 수업하는 유대인

학교에 다니게 하거나 가정교사를 붙여주기도 했다. 어린 첼란은 아버지의 강한 시오니즘과 권위주의에 반항적이었으나 히브리어 전승이나 우화 등에는 흥미와 애착을 보였다.

어머니 프리데리케(Friederike) 역시 유대교 율법에 따라 살림살이를 하면서도, 독일문학을 애독한 교양인으로 특히 독어교육, 그것도 부코비나의 방언이 아니라 '표준 독일어' 교육을 중하게 여겼다. 아들이 가능한 한 순수한 독일어를 모어로 지니면서 지적인 직업을 갖고 유복하게 살기를 바랐기 때문이다. 독일어는 말 그대로 모친으로부터 그에게 주입되어 그의 모어(母語)가 되었다. 부코비나라는 지역의 특성과 언어적 재능에 힘입어 첼란은 자라면서 독일어는 물론이고, 히브리어, 이디시어 외에 루마니아어, 프랑스어, 러시아어에도 익숙하게 되었다.

1938년— 체르노비츠 김나지움(국립 중·고등학교 과정)을 졸업했다. 처음엔 루마니아 김나지움에 진학했으나, 1934년-1935년 반유대주의가 극심해지면서 이 학교로 옮겨와야 했다. 첼란의 어린 시절은 독일에서 발흥하고 있던 반셈족주의(반유대주의)가 루마니아에서도 철위대(鐵衛隊 / Garda de fier; 루마니아 극우정당과 그 운동)의 등장으로 본격화된 시기와 일치한다. 그는 유대인 성년(13세)을 지나면서 유대인 사회주의 단체에 열성적으로 참여했고, 스페인 내전이 발발한 이후에는 공화주의적 대의(인민전선)를 지원하는 활동도 했다. 1935년에는 반합법적 반파시스트 모임에 속해 있었다. 10대 때의 정치적 성향은 무정부주의, 사회주의, 공산주의가 뒤섞인 것이라 할 수 있다. 친구들 사이에서 첼란은 '트로츠키주의자'로 불리었는가 하면, 무정부주의자인 크로포트킨(Peter Kropotkin)이나 사회주의자 구스타프 란트아우어(Gustav

Landauer)의 책을 탐독했다. 훗날 로자 룩셈부르크의 죽음에 대한 시를 쓰거나 'No pasarán'(노 파사란; '통과하지 못 한다'는 뜻으로 마드리드를 빼앗기면 프랑코 반란군이 쉽게 스페인 전역을 손에 넣을 것이라고 생각한 국제여단원들이 외친 구호이다)이란 구호가 시에 등장하는 것은 어린 시절의 기억과 이어져온 그의 정치적 사고를 반영하는 것이다. 첼란은 이 무렵부터 내밀히 시를 쓰기 시작했다. 그의 첫 시는 「어머니 날, 1938년」이었다.

1939년— 1938년 김나지움을 졸업 한 후 프랑스 투르(Tours) 의대 예과에 입학했다. 빈 대학으로 진학하기를 원했으나 나치 집권 (1938년 독일에 의한 오스트리아 합병) 이후 확산된 유대인 박해 때문에 여의치 않았다. 그해 11월 9일 체르노비츠에서 프랑스행 기차를 타고 가다가 처음 베를린에 잠시 멈춘 시각이 우연히도 '수정 (水晶)의 밤(Kristallnacht; 유대인 일제 급습의 밤)' 다음 날 아침이었다. 훗날 첼란은 이날 아침의 기억을 다음과 같이 떠올렸다. "내일부터 시작될 연기가 이미 시야에 들어오기 시작했다."

1939년 7월, 여름방학에 고향 체르노비츠에 다니러 온 사이에 제 2차 대전이 발발했고 프랑스로 돌아가지 못했다. 영국, 프랑스, 독일, 소련 간의 주도권 쟁탈과 나치의 반유대주의가 바야흐로 본격화되었다. 11월부터 체르노비츠 대학에서 로만어와 문학, 철학을 공부하기 시작했다.

1940년— 히틀러의 프랑스 침공에 발맞추어 6월 소련군이 북부 부코비나 지역과 첼란의 고향 체르노비츠를 점령했고, 대학에서도 소련식 개혁이 추진되었다. 이로 인해 로만어 학습은 제대로 못하게 된 반면, 러시아어 실력은 향상될 수 있었다. 이 무렵 이디시 지역

극장에서 활동하는 여배우를 알게 되고, 그녀를 통해 이디시어로 작품 활동을 하는 문인들 몇을 알게 되었지만 이디시어에 특별한 관심을 갖게 되지는 않았다. 그는 횔덜린과 릴케, 게오르크 트라클(Georg Trakl)의 모어이기도 한 독일어로 이미 왕성한 글쓰기를 하고 있었다. 소련군은 이후 퇴각하기 전에 4,000명의 '의심스러운 분자'를 시베리아로 송치했는데, 그 가운데 절반이 유대인이었다. 곧이어 나치가 침공해올 때도 친구들과 러시아로 피난하지 않고 체르노비츠에 남아 있었던 것은 어쩌면 독일어와 독일문화에 대한 사랑 때문이었을지 모른다. 이러한 일말의 기대조차 나치군의 지휘자 오토 올렌도르프(Otto Ohlendorf)가 아인자츠그루페(Einsatzgruppe; 이동 대량학살 부대)를 이끌고 체르노비츠를 침공한 순간 산산조각 나버렸다.

1941년— 마침내 나치 독일과 동맹을 맺은 루마니아군이 이해 7월에 체르노비츠를 점령했다. 그들은 유대교 대회당에 불을 지르고 소련에 대한 부역을 이유로 유대인과 우크라이나인을 약탈하고 살해했다. 이어 나치 친위대(SS) 지휘 하의 병력이 투입되면서 조직적인 유대인 박해가 시작되었다. 유대인은 일제히 시민권을 빼앗기고 4만 5,000명이 해당 지역의 게토에 수용되었고, 많은 수는 트란스니스트리아(Transnistria; 현 루마니아 동-남부와 몰도바 지역에 걸쳐 있는 지역)의 집단수용소로 강제 이송되었다. 나치와 파시스트 루마니아 통치에 의한 극심한 탄압은 1년 이상 지속되었다. 21살의 첼란은 셰익스피어의 소네트 번역과 자신의 시를 쓰며 지탱해 갔다.

1942년— 나치 점령 초기에 첼란은 프루트(Prut) 강 다리에서 파편을 운반하는 작업에 배치되었다가 나중에는 러시아 책들을 수집하여 파괴하는 작업에 동원되기도 했다. 6월 하순 나치는 갑작스런 조치로 다시 드네스테르(Dniester) 강을 거쳐 우크라이나 점령지의 강제수용소로 유대인들을 대거 이송했다. 부모를 설득하여 다가오는 박해를 피해 고국을 떠날 것을 권하기도 했지만, 첼란이 집을 잠시 비운 사이 6월 21일 한밤중 게토에서 끌려나와 우크라이나 남 부크(Piwdenny Buh) 강 유역의 수용소에 수감되었다. 그는 말살수용소를 간신히 피할 수 있었지만, 이후 발라키아(Valachia) 강제노동수용소로 보내져 그곳에서 땅을 파고 또 파야 했다. 그해 늦은 가을 어느 날 첼란은 어머니로부터 편지 한 통을 받았다. 가축 차량에 실려 힘들게 이동하는 중 도로 작업에 동원되어 혹사당한 탓에 발진티부스에 걸린 아버지가 거의 죽어가던 상태에서 총살되었다는 소식이었다. 그의 어머니 역시 얼마 지나지 않은 그해 겨울 강제노동에 소진된 뒤 목에 총을 맞아 처형되었다는 소식을 같은 수용소에서 탈출한 사촌에게 들었다. 부모의 죽음은 첼란에게 지울 수 없는 상처를 남겼다. 그는 살아있는 내내 부모를 고통 속에 방치했다는 죄책감에 시달렸다. 그의 시 속에 이 상실의 트라우마는 곳곳에 흔적을 남긴다.

1942년-1943년— 아버지와 어머니가 차례로 죽어갈 무렵에도 첼란은 이미 수개월 동안 체르노비츠에서 400킬로미터 떨어진 노동수용소에서 고된 노동을 계속하고 있었다. 그는 이후로도 18개월 동안 여러 수용소를 거치며 루마니아 지역 곳곳의 강제노동 현장을 전전했다. "삶이 극단의 고통으로 바뀌는 것을 보았다." 노동수용소에서 당시 애인 루트라쿠나에게 보낸 편지의 한 구절이다. 그는 그녀에게 시와 자신이 번역한 셰익스피어의 소네트를 편지에 적어 보냈다. 시를 쓴다는 것은, 이 시절 그에게 지옥 같은 삶을 견디는 힘이고 유일한 위안이었다. 1943년 말경, 날짜와 상황은 불분명하게 남아 있지만 그는 붉은 군대(Red Army)로 도망쳤고, 우크라이나의 수도 키예프(Kiev)의 한 병원에서 잠시 잡역부로 일했다.

1944년— 첼란은 결국 다음해 2월에 체르노비츠로 다시 돌아올 수 있었다. 그곳은 '해방된 도시'였지만, 강제노동도 여전했고 소비에트 군대의 강제징집이라는 위협 또한 상존하고 있었다. 결코 좋은 시절이 아니었다. "피가 넘치는 군모는 떨어졌다: 어떤 꽃이 개화할 수 있을까?" 「러시아의 봄」이라는 제목이 붙은 1944년 시는 이렇게 시작한다. 박해와 고통은 그를 변화시켰다. 후일 히브리어 훈련이라고 회상했던 마르틴 부버(Martin Buber)를 읽기 시작했고, 동료 수감자들이 배울 기회를 주었던 이디시어에 이전보다 애착을 갖게 되었다. 그리고 가을부터 붉은 군대에 의해 문을 열게 된 체르노비츠 대학에서 영문학을 공부했다. 그 시절 친구들은 그의 셰익스피어 소네트의 매혹적인 암송을 기억한다. 저 유명한 시 「죽음의 푸가(Todesfuge)」도 이 무렵에 쓰여졌다. 시는 다른 생존자들의 말과 이미지들을 전쟁고아였던 그 자신의 생생한 기억으로 통과시켜 얻어낸 기괴한 어둠과 깊은 내상(內傷)의 목소리였다. 그것은 그들을 위해서가 아니라, 그들을 통해서 만들어진 시였다.

1945년—「죽음의 푸가」를 쓰고 나서 얼마 지나지 않아 전쟁이 끝났다. 종전과 함께 그는 이제 소련 점령지역으로 우크라이나에 편입된 부코비나를 떠나 수도인 부쿠레슈티(Bucuresti)로 향했다. 전쟁이 끝남과 함께 부모에 이어 문화의 젖줄이었던 고향 부코비나마저 잃게 된 것이다. 첼란은 그 도시에서 초현실주의자들의 모임에도 가입하고, 주요 루마니아 유대인 작가들과도 알게 되었다. 그는 출판사 직원으로 일하는 한편, 러시아 문학을 루마니아어로 옮기는 것으로 생계를 유지했다. 특히 레르몬토프(Mikhail Lermontov; 1814-1941), 시모노프(Konstantin M.Simonov; 1915-1979), 체호프(Anton Chekhov; 1860-1904)의 책을 번역했다. 그는 이 번역물들을 출간할 때 'A. Pavel', 'Paul Aurel' 등 여러 가지 필명을 썼다. 유대인에 대한 반감이 여전한 상황에서 Antschel(안첼)이라는 본명은 너무 유대적이거나 독일적인 느낌을 독자에게 줄 것 같아서였다.

1947년— 5월에 그의 시가 파울 첼란(Paul Celan)란 이름으로 최초로 발표된다. 'Celan'은 안첼이란 성의 루마니아식 표기인 'Ancel'을 거꾸로 재배치한 것이다. 그는 독일어로 시를 썼지만 오랜 친구 페트르 솔로몬(Petre Solomon)에 의해 루마니아어로 번역되었다. 「죽음의 푸가」는, 『콘템포라눌(Contemporanul)』이란 잡지에 최초로 발표되었다. 이 시를 처음 썼을 때 첼란이 붙인 제목은 '죽음의 탱고(Todestango; '죽음의 탱고'는 당시 Eduardo Bianco의 인기곡 제목이었다)'였는데 루마니아어로 번역되어 'Tangoul Mortii'가 되었다. 같은 시기 작가이자 평론가인 카라이온(Caraion)이 발간하는 루마니아 잡지 『아고라(Agora)』에도 시 3편[「향연(Das Gastmahl)」「물빛 야수(Ein wasserfarbnes Wild)」「양치나무의 비밀(Das Geheimnis der Farne)」]이 게재되었다.(이때 발표된 시는 친구에게 맡겨졌다가 첼란 사후 유고시집에 수록되었다.)

1947년까지는 나치의 만행이 아직 잘 알려지지 않았거나 믿기 어려웠기 때문에 잡지 편집자는 첼란의 시들이 '사실'에 기반을 두고 있다는 각주를 덧붙여야 했다. 유대계 독일 여성 시인 로제 아우스랜더(Rose Ausländer; 1901 - 1988) 등과 만났던 것도 이 무렵이었다. 특히 첼란과 동향으로 유년시절부터 친구이자 멘토(Mentor)인

알프레드 마르굴-슈페르버(Alfred Margul-Sperber)의 도움을 받았다.(후일 첼란을 이반 골에게 소개한 사람이기도 하다.) 이해 12월 루마니아 왕이 공산주의 정권에 의해 폐위되고 인민공화국이 선포되기 직전에 첼란은 여권도 없이 배낭에 시만 챙겨 넣은 뒤 부쿠레슈티를 도망치듯 떠났고, 헝가리를 거쳐 오스트리아에 밀입국했다. 그리고 어린 시절부터 동경하던 빈에 도착했다. 헝가리를 거쳐 빈으로 오는 길은 "끔찍하리만치 힘든 여정"이었다.

1948년— 빈에 머물렀던 기간은 정작 그리 긴 시간이 아니었다. 하지만 빈에서 그는 자신의 생에 있어 중요한 계기들을 만난다. 우선 그곳에서 그의 시는 잘 받아들여졌다. 빈에서 발간되는 바질(O. Basil)의 『플란(Plan)』이란 잡지에 첼란의 시 17편이 수록되는가 하면, 이해 봄 젝슬(A.Sexl) 출판사에서 첫 시집 『유골 항아리에서 나온 모래(Der Sand ans den Urnen)』가 500부 한정판으로 간행되었다.(이 시집은 곧 오자가 많다는 이유로 스스로 수거하였다.) 이 시집에는 그가 기억을 더듬어 쓴 시 48편이 수록되었지만 크게 주목받지는 못했다. 시집의 마지막에는 「죽음의 푸가(Todesfuge)」가 실려 있었다. '죽음의 탱고(Tangoul Mortii)'가 이번에는 독일어로 되돌아가고 제목도 바뀐 것이다. '탱고(tango)'가 '푸가(fuge)'로 바뀐 것에는 바흐(Johann Sebastian Bach)의 나라가 져야 할, 유대인 학살을 가져온 '최종해결책(Endlösung)'의 책임을 부각시키려는 의도가 있었을 것이다.(한편 '푸가'는 라틴어로 '도주'를 뜻하기도 한다.)

　이해 5월(어떤 기록에는 1월로 되어 있다), 첼란은 이후로 긴 시간 동안 각별한 연인관계를 유지하게 되는 잉에보르크 바흐만(Ingeborg Bachmann)을 만난다. 하이데거에 관한 논문(「마르틴 하이데거 실존철학의 비판적 수용」)을 막 마친 그녀는 오스트리아 남부 클라겐푸르트(Klagenfurt) 출신으로 1946년에 철학 공부를 위해 빈으로 왔다. 그녀는 단편소설을 발표하고 '47그룹'에서도 활동하는 등 이미 문단에서 알려진 존재였다. 무명시인 첼란은 6살 연하의 그녀와 깊은 사랑에 빠졌다. 첼란을 알게 된 순간 바흐만은 그에게서 "위로할 길이 없는, 거의 인간의 것이 아닌 슬픔"을 감지했다. 그녀의 아버지 마티아스 바흐만은 나치의 핵심그룹에 가담했던 자로 그녀는 '살인자' 아버지의 존재로 괴로워했고, 또한 "어제의 형리(刑吏)들이 유순한 가면을 쓰고 돌아다니고 악행에 입을 닫고 있는" 도시 빈을 싫어했다. '결연히 히틀러 편에 선 사람을 아버지로 둔 여자와 부모가 죽은 강제수용소에서 살아나온 유대인 시인은 어떻게 서로 사랑할 수 있을까?' 이 질문이 암시하듯, 두 사람은 수많은 궁지와 몰이해에 부딪혔지만, 서로의 삶과 작품에서 마지막까지 필요한 존재로 남게 된다. 첼란의 시 「코로나(Corona)」는 그녀를 위해 쓴 시이며, 4년 뒤 출간된 시집 『양귀비와 기억(Mohn und Gedächtnis)』에 나오는 많은 시들 역시 그녀를 염두에 두고 쓴 것들이다.[둘의 관계는 첼란의 일기와 유고로 출판된 두 사람 사이의 편지에서 확인할 수 있다. 두 사람의 편지는 독일 현대문학박물관과 오스트리아 국립도서관에 보관되어 있으며, 2008년 8월 주어캄프 출판사(Suhrkamp Verlag)는 두 사람이 주고받은 편지를 책(『사랑/마음의 시간: 잉에보르크 바흐만과 파울 첼란의 편지(Herzzeit: Ingeborg Bachmann-Paul Celan, der Briefwechsel)』)으로 출간했다.]

그밖에도 빈에서 친하게 지낸 사람 가운데 초현실주의 화가 에드가 예네(Edger Jené)가 있다. 그는 첼란을 앙드레 브르통(André Breton)에게 추천했는데, 파리에서 이 초현실주의의 대부는 첼란을 기꺼이 맞았다. 한때는 꿈에 그리던 도시였던, 그러나 이제는 오스트리아-헝가리 유대인 공동체의 잔해만 남은, 토마스 베른하르트(Thomas Bernhard)의 말처럼, 기껏해야 국가사회주의가 공연되던 "무대 소품의 국가"로 전락한 오스트리아의 수도 빈을 떠나야 할 시간이 되었다. 짧은 프랑스 여행 후 8월에 첼란은 파리로 이주했다.

1949년— 파리로 떠나온 뒤 처음 몇 해 동안 첼란은 고립감 속에서 힘겨운 시간을 보내야 했다.(1955년에서야 그에게 프랑스 시민권이 주어진다.) 그것은 동료 난민과 망명자들 속에 있으면서도 어려움 속에서 철저히 혼자여야 했던 막막한 시간이었다. "어둡고 그림자 같은 해." 그는 파리에서의 1949년을 그렇게 불렀다. 시 「이집트에서(In Ägypten)」는 유대인 망명자가 겪는 긴장과 압박감에 대한 내밀한 응답이었다. 파리에 도착한 지 6개월 안에 쓴 이 시 역시 바흐만에게 헌정된 것이었다. 훗날 1959년 그녀에게 보낸 편지에도 썼듯이, 그는 단 한 번도 "이집트"를 벗어나 본 적이 없다고 할 수 있다. 새로 건국한 이스라엘에 사는 친척에게 쓴 편지에는 이런 말도 적혀 있었다. "어쩌면 저는 유럽에서 유대 정신성의 운명에 따라 끝까지 살아야 하는 마지막 이들 중 하나일지도 모릅니다. …… 그리고 그것이 많은 것을 말해줄 것입니다."

파리에 와서 그는 공장 노동을 하면서, 루마니아어나 프랑스어 또는 영어를 독일어로 옮기는 작업을 하고 문헌학과 독일문학을 다시 공부하기 시작했다. 그것은 그 시기 다른 사람들에 비추어 색다른 선택이었다. 노동수용소에서 그랬듯 그는 파리 시절의 외로움과 고립감을 이겨내기 위해 편지에 매달리곤 했다. 체르노비츠에서부터 오랜 친구인 페트르 솔로몬, 네덜란드 출신 가수이자 반나치주의자인 디트 클로스(Diet Kloos) 등이 수신인이었다. 그 가운데서도 가장 많은 편지를 주고받은 사람은 독일 시인이자 소설가인 헤르만 렌츠(Hermann Lenz; 1913-1998)와 그의 아내였다.

첼란은 파리에서 초현실주의 작가 이반 골(Yvan Goll; 1891-1950년)과 만나게 된다. 1939년 나치 박해를 피해 미국으로 망명했다가 1947년 다시 파리로 귀환한 골은 건강이 악화되어 파리의 병원에 입원해 있었고(그는 1951년 백혈병으로 사망했다), 첼란이 그를 방문했던 것이다. 이반 골은 젊은 시인이 마음에 들어 자신의 시를 번역하기를 부탁했다. 그런데 이 번역은 나중 표절 의혹의 빌미가 되었다.

1951년— 1950년에 번역자격증을 취득한 첼란은 번역을 하여 생계를 이어가면서 자유 문필가로도 활동했다. 11월 첼란은 파리에서 재능 있는 그래픽 아티스트인 지젤 레스트랑주(Gisèle Lestrange)와 만나게 된다. 카프카(Franz Kafka)가 밀레나 예젠스카(Milena Jesenska)나 펠리체 바우어(Felice Bauer)에게 그랬듯이, 첼란은 그녀에게 열성적으로 편지를 보냈고 두 사람은 결혼하기로 마음먹지만 그녀 집안의 완강한 반대에 부딪히게 된다. 프랑스 가톨릭 귀족 가문인 그녀의 집안에서 볼 때 프랑스 국적도, 일정한 직업도 없고, 근본도 알 수 없는 동구에서 온 망명자, 그것도 유대인과의 결혼에 반대하는 건 어쩌면 당연한 일이었다. 두 사람은 1년 뒤인 1959년 12월 21일 결혼한다. 두 사람은 때때로 함께 작업하기도 했다.(대표적인 예가 1965년 연작시 「숨결수정(Atemkristall)」의 부식동판화 작업이다.)

1952년— 12월 독일 슈튜트가르트의 한 출판사(Deutsche Verlags-Anstalt)에서 시집 『양귀비와 기억(Mohn und Gedächtnis)』이 출간

되었다. 이 시집은 빈 시절에 만난 화가 에드가 예네에게 헌정된 것이었다. 1950년대는 나치의 범행들이 점차 드러나기 시작했다. 전범재판은 1950대 말에나 진행되지만, 말살수용소로부터 살아나온 생존자들의 증언, 전기 등이 계속 출간되었다. 이러한 시대적 조류를 배경으로 『양귀비와 기억』에 실린 「죽음의 푸가」는 많은 주목을 받게 되고 첼란은 시인으로서의 명성을 얻게 되었다. 그에 앞서 첼란은 '47그룹'(Gruppe 47; 1947년 제2차 대전에서 패전한 독일의 새로운 문학 방향—반나치즘과 인도주의—을 모색하고자 결성된 문예조직으로 전후작가들의 산실이 되었다)이 1년에 두 번 개최하는 모임이 1952년 5월 북독일의 니엔도르프(Niendorf)에서 열렸을 때 그 모임에 초청받았었다. 당시 그다지 유명하지 않았던 첼란을 그 모임으로 이끈 것은 잉에보르크 바흐만, 밀로 도르(Milo Dor), 라인하르트 페더만(Reinhard Federmann) 등이었다. 밀로 도르는 모임의 주도자인 한스 베르너 리히터(Hans Werner Richter)에게 "파울 첼란이 꼭 참석해야한다"며 다음과 같이 편지를 썼다. "당신이 그의 시를 어떻게 생각하는지 압니다. 하지만 그 사람만큼 음악성과 짜임새를 갖춘 시인은 정말 드물다고 생각합니다." 이 편지에서도 그룹 멤버들과 확고한 사실주의자 리히터의 부정적인 태도를 짐작할 수 있는 것이었다. 첼란의 낭독여행은 실패로 끝났다. 바흐만에게는 47그룹 문학상(Literaturpreis der gruppe 47)이 주어졌지만, 첼란은 단 6표를 받았다.

첼란의 시 낭송에 대한 반응은 차가운 것이었다. 심지어 괴벨스처럼 낭독한다는 반응까지 나올 정도로 싸늘한 것이었다. 모임의 그 누구도 그의 이름을 들어본 적이 없었고, 그가 어떤 운명을 겪었는지 몰랐다. 높은 톤의 리듬으로 시를 낭송하는 유대-루마니아의 전통에 대해선 들어본 적도 없었다. 첼란은 "랭보(Arthur Rimbaud)

가 여기서는 알려지지 않았냐고, 음악적인 율동으로 느슨해진 시를 받아들이지 못하는 거냐"고 물었지만 무망한 노릇이었다. 하지만 도이체 페어락스 안슈탈트사의 편집장이 이 낭송에서 첼란을 주목했고, 덕분에 『양귀비와 기억』이 출간될 수 있었다. 에른스트 슈나벨(Ernst Schnabel)은 47그룹 모임 후 NWDR(Nordwestdeutscher Rundfunk)에서 「죽음의 푸가」 낭송을 방송하기도 했다. 이후 수차례 초대를 받았지만, 첼란은 47그룹 모임에는 더 이상 참석하지 않았다.

1953년— 이반 골의 미망인 클레르 골이 첼란을 비방하는 첫 공개 편지를 작성하고 문학계의 주요 종사자들(주요 출판사, 문예지 편집자, 라디오 방송사, 비평가 등)에게 보냈다. 그녀는 첼란이 남편의 시들을 독일어로 번역하면서 표절했다고 주장했다. 이는 나중 근거가 전혀 없는 비방으로 판명 났지만, "골 사건(Goll-Affäre)"으로 불리게 된 표절 의혹은 첼란이 죽을 때까지도 가라앉지 않았다.(이 사건의 성격과 추이에 대해서는 이 책의 저자와 옮긴이가 비교적 상세하게 설명하고 있다.)

1955년— 파리로 건너온 지 6년 만에 첼란은 비로소 프랑스 시민권을 취득했다. 그리고 아들 에릭(Eric)이 태어났다.[Eric은 프랑스어로 '써라!(écris!)'의 철자를 바꿔 쓴 것이다.] 시집 『문턱에서 문턱으로(Von Schwelle zu Schwelle)』를 출간하였다. 후일 비평가들은 이 시집이 언어에 대한 반성을 담고 있다고 평했다. 제목의 '문턱(Schwelle)'은 "어둠에서 어둠으로" 옮겨 다닌 그의 운명을 떠올리게 하는 단어다. 철로의 침목(枕木)의 뜻도 담고 있는 'Schwelle'는 수용소를 떠올리게도 하고, 우선 멈추어선 채 자신을 증명하지 않으면 안 될 임계(臨界)의 자리이기도 했다. 그는 과거에도 그랬고, 지금도 "시장 한복판에서" 신분을 밝혀야 하고 "쉬볼렛"*을 외쳐야 하는 이방인이었다.

1951년에 이어 1955년에 다시 한 번 독일에서 아도르노(Theodor W. Adorno)의 유명한 명제가 제출되었다. "아우슈비츠 이후, 시를 쓰는 것은 야만적이다(Nach Auschwitz ein Gedicht zu schreiben, ist barbarisch)." 이것은 아도르노의 「문화비평과 사회 (Kulturkritik und Gesellschaft)」란 글의 말미에 나오는 말인데, 그는 이 말을 할 당시 첼란의 시를 알지 못했다. 한스 엔첸스베르거(Hans Magnus Enzensberger)가 이 말에 반론을 제기했을 때, 그는 미학적 양식화가 아우슈비츠의 공포를 변형시킬 위험이 있다고 설명했다. 그의 이 말은 상당 기간 첼란의 매혹적인 운율을 두고 한 언급으로 받아들여졌다. 그리고 독일의 비평가들은 범박한 태도로 그 명제를 따라갔다.

아도르노의 이 명제는 그가 쓴 문장 가운데 유독 유명해진 것이지만, 아우슈비츠가 보여준 '절대적 부정성'에 대한 비판과 함께 읽어내지 않음으로써 빈번히 오해되는 것이기도 했다. 그가 재앙에 관한 이야기를 잡담으로 타락시킬 수 있다고 경고한 '극단적인 의식'이란 아우슈비츠에 대한 목청 높은 비판 속에 내재하는 친숙성과 속류성에 대한 것으로 첼란의 시 문학과 벗어나 있는 것이었다. 그는 실제 1960년경 첼란의 시 작품에서 그가 진정한 문학에

---

*   쉬볼렛(Shibboleth; '이삭'이라는 뜻)은 구약성서(「사사기」)에서 길르앗인들이 에브라임 지역의 요르단 강 나루터를 점령했을 때, '쉬(sh)'를 발음할 수 없는 에브라임인들을 색출하기 위해 말하게 했던 단어이다. 그 결과 4만 2,000명이 목숨을 잃었다고 전한다. 시집 『문턱에서 문턱으로』에는 「쉬볼렛」이란 제목의 시가 실려 있다.

대해 규정했던 바로 그 자질, 즉 아우슈비츠 이후의 예술이 자신의 존재를 부정했던 것에 대한 '긴장'과 '탈구(dislocation)'가 있음을 인정했다. 나아가 그는 1966년에 발간한 책 『부정변증법(Negative Dialektik)』 이후 자신의 이전 명제를 이렇게 정정하기도 했다. "고 문당한 자가 비명 지를 권한을 지니듯이, 끊임없는 괴로움(Leiden)은 표현의 권리를 지닌다. 따라서 아우슈비츠 이후에는 시를 쓸 수 없으리라고 한 말은 잘못이었을 것이다." * 그의 이런 언명에도 불구하고 '홀로코스트'의 재현 불가능성과 미학화(형식미학) 문제에 관한 논란은 첼란의 시를 둘러싸고 끊이지 않았고, 사정은 지금도 크게 다르지 않을 것이다.

1956년 알랭 레네(Alain Resnais) 감독의 영화 〈밤과 안개(Nacht und Nebel)〉를 위해 장 케롤(Jean Cayrol)의 나레이션을 첼란이 불어에서 독일어로 번역했다.

1957년―『문턱에서 문턱으로』로 독일 산업연방협회 문화부 명예표창을 받았다. 첼란은 1952년의 낭송여행 이후 1954년부터 매년 독일을 방문하곤 했는데, 그가 생활했던 망명지 파리에는 독일어로 씌어진 그의 시를 이해하는 독자가 거의 없었던 때문이기도 했다. 하지만 '독일시인'으로 불리기를 거부하는 그에게 독일이라는 나라 역시 참혹한 기억을 상기시킴으로써 신경을 쇠약하게 만드는 나라일 뿐이었다. 1957년 브레멘(Bremen) 낭송회에서는 청중의 질문에서 '반유대주의'를 느끼고는 뛰쳐나온 일도 있었다. "내가 말하는 독일어는 독일 사람들이 여기서 말하는 독일어와 같은 것이 아

---

* 테오도르 W. 아도르노, 『부정변증법』, 홍승용 옮김, 한길사, 1999. 469쪽에서 인용.

니다." 비유하자면, 첼란의 삶이 '이집트' 밖을 벗어난 적이 없듯이, 그의 모든 시는 '이집트'에서 쓴 시였던 것이다. 여기서 이집트가 상징하는 것은 바로 원수의 언어를 자신의 시어(詩語)로 받아들이면서 시작된 언어의 굴욕적인 포로생활이다.* 그가 운명으로 받아들인 이 역설은, 독일 관념론의 동일성의 폭력을 비판한 아도르노의 부정변증법이 그러하듯, 독일어로 쓰인 그의 시를 '독일 정신'의 허구를 관통하여 박히는 화인(火印)이 되게 하였다.

1958년— 독일 자유한자도시 브레멘(Freie Hansestadt Bremen)에서 주는 문학상을 수상했다. 재난 이후 시인으로서의 자신의 입장을 처음 표명한 수상 연설에서 그는 시를 '병에 든 편지(Flaschenpost)'에 비유했다. 병 속에 넣어 바다에 던지면 누군가에게 닿을지 모른다는 애처로운, 그러나 포기할 수 없는 희망으로 시도하는 대화라는 의미이다. 언어(시)는 상실의 한복판에서 그에게 유일하게 남겨진 것이었다. "언어는 뚫고 가야만 했습니다. 그 자체의 '대답 없음'을, 무시무시한 실어(失語)를, 죽음을 가져오는 말들의 수천 겹 어둠을 뚫고 가야 했습니다. 언어는 지나갔으며, 일어난 일에 대해 아무런 답도 주지 않았습니다. 역사를 뚫고 갔지만, 그러나 다시 나타나게 되었습니다. 그 모든 것으로 '풍부해져서'."** 누군가 그의 시를 가리켜 '시론적 시(Das poetologische Gedicht)'라 말한 것과 같은 의

---

* 조르조 아감벤(Giorgio Agamben), 「이집트에서의 유월절」, 『불과 글(Il fuoco e il racconto)』, 윤병언 옮김, 책세상, 2016. 120쪽(옮긴이 주석)에서 빌려왔다. 아감벤은 다른 책에서 이렇게 말하기도 했다. "독일어에 대해 첼란이 성취한 특별한 언어 조작은 그의 독자들을 매료시켰다." (『아우슈비츠의 남은 자들, 정문영 옮김, 새물결, 2012, 55쪽』)

** 브레멘 문학상 수상 연설문 인용은 파울 첼란 시선집 『죽음의 푸가』(전영애 옮김, 민음사, 2011)에서 가져온 것이다.

미에서, 그는 수상 연설을 통해 시론적 사변가의 면모를 보여주었다. 그에게 시는 말하기 위해서 말하는 것이 아니며, 시간을 초월하는 것이 아니었다. 그것은 시간을 뚫고 가는 '도중에 있음'이고, 말을 건넬 수 있는 현실을 향한 것이었다. 그의 시는 "말 하나에 목숨 하나"가 걸린 상황을 벗어난 적이 없었다.

1958년 말 프랑스에서는 루마니아 출신 유대계 작가 엘리 위젤(Elie Wiesel)의 자전소설 『밤(La nuit)』이 출간되고, 독일에서는 정부나 여러 분야에서 나치 전범자들을 색출하여 기소하기 시작했다. 전범들은 중남미나 중동 지역 나라들로 도망을 가는 한편, 1959년 쾰른(Köln)에서는 새로 축성된 유대교 회당에 나치 십자가와 구호들이 도배되고 반셈족주의와 네오나치즘과 관련된 사건들이 잇달아 일어나기도 했다. 이 무렵 첼란은 러시아 현대시들을 탐독하기 시작했다. 특히 알렉산드르 블로크(Aleksandr Aleksandrovich Blok), 세르게이 예세닌(Sergei Alekandrovich Esenin), 오시프 만델스탐(Osip Emilyevich Mandelshtam), 이 세 사람에게 집중했는데 그들의 시에 담긴 영혼을 자신의 독일어로 옮길 방도를 찾았고 번역하여 출간하였다.(그의 러시아어는 소련 점령기의 부코비나에서 배운 것이다.) 이들은 러시아혁명을 환영하면서도 양가적인 심정으로 사태를 맞이했던 사람들이었다. 예세닌은 자살했고, 브로크는 외롭게 죽어갔고, 만델스탐 역시 자살을 시도했고, 나중에는 유형지로 보내져 그곳에서 죽었다. 첼란은 그 중에서도 만델스탐 안에서 '양도할 수 없는 진실'을 만났고, 그를 분신이자 혈육으로 생각하기에 이르렀다.

1959년― 시집 『언어창살(Sprachgitter)』이 출간되었다. 그 사이에도 그의 시 「죽음의 푸가」는 1950년대에 시작된 전후 나치 시대에 대한 단죄의 복잡한 분위기 속에서 이상하고도 소란스런 반응과 부딪혀야 했다. 「죽음의 푸가」는 피카소(Pablo Picasso)의 게르니카(Guernica)에 비견되기도 하면서 한두 개의 우호적인 비평이 실리기도 했지만, 독일 평단의 지배적인 분위기는 냉소적인 것이었다. 그의 파리 망명을 그의 시가 리얼리티를 외면하고 프랑스의 상징주의나 초현실주의로 후퇴한 증거로 간주했던 것이다. 어떤 이는 「죽음의 푸가」에 깔린 감각이 흡인력 있는 리듬과 낭만적인 메타포로 말미암아 모든 구체적인 현실을 제거할 만큼 '매혹적'이라 평하는가 하면, 독일의 한 영향력 있는 잡지는 첼란의 시를 음악적이고, '환상적'이고, 유희적인 자유로움으로 말미암아 말라르메(Stéphane Mallarmé)와 발레리(Paul Valery)로 여겨지게 한다고 평도 있었다. 어떤 평자는 그의 시들이 겉만 화려한 장식에 불과하다고 혹평했다. 이 모든 것은 그의 시에 대한 지독한 오독이었다. 이러한 독일 평단의 반응은 전후 청산에서 나타나는 독일 사회의 어떤 위선과도 무관하지 않았다. 한편으로, 이러한 비평들은 일련의 독일 작가들이 그를 '보호할만한 유대인'으로 친근하게 생각하고, 그의 시들을 용인할만한 종류의 시로 간주함으로써 아우슈비츠에 대한 모종의 알리바이로 만들어버리는 것이었다. (그의 우려에도 불구하고) 「죽음의 푸가」는 시 선집의 요구를 받게 되고 고등학교 교과서에도 실리게 되었다. 시를 이끌어가는 '강약약격 운(Daktylus)'*에 몰두하는 독일 교육은 이 시에 담긴 참혹함을 시야에서 사라져버리게 했다. 다른 한편으로, 고통의 미학화에 반대한다는 명목 아래 시적 언어의 가능성을 질식시키려는 시도들이 있었다. 그것은 오히려 '군

---

*   고대 그리스식 본래 율격은 '장단단'격인데, 이를 독일(서양)시에 적용한 율격이 '강약약' 격이다.

림하는 어둠을 신성시'하면서 '잔존하는 빛'*들을 암흑의 구멍으로 다시 몰아넣고 잿더미 속에 파묻는 결과를 낳았다. [오늘날 첼란 시의 '미학적 절대주의'와 사회 참여(현실 비판) 사이에 모순이 있다고 주장하는 사람은 드물 것이다.]

이러한 아이러니 속에서 그는 1958년 초반부터 연작시 「스트레토(Engführung)」를 썼다. 이 시는 「죽음의 푸가」에 대한 일종의 '속편'으로 주제를 이어가며 발전시킨 것으로 같은 '푸가(Fuge)' 양식이었다. '스트레토' 자체가 하나의 음악용어로 여러 성부가 집약되어 나오면서 모든 주제가 클라이맥스를 향해 수렴되는 매우 복잡한 양식으로 전개되는 시이다. 「죽음의 푸가」에 나오는 '검은 우유'와 '푸른 눈을 가진 지휘관'을 넘어 시는 보다 근원적인 트라우마를 향해 나아간다. 첼란의 간결하면서도 비의(秘儀)적인 시적 모티브는 푸가로 긴박하게 오버랩되면서 마침내 온 우주를 강제수용소의 세계(l'univers concentrationnaire), 추방과 죽음의 풍경으로 연루시킨다. 푸가 형식을 다시 선택함으로써 상황을 복잡하고 불가해한 것으로 만들고 자기 자신뿐 아니라 그의 독자를 한계상황까지 밀어넣는다. 이 연작시는 시집 『언어창살』의 마지막에 실려 있다.

이 시는 첼란의 위대한 성취 가운데 하나로 평가된다. 아도르노는 죽기 전에 「스트레토」에 대한 에세이를 쓰려고 했다고 한다. 그에 앞서 1959년 6월 첼란은 스위스의 실스 마리아(Sils-Maria)의 알프스 산중에서 페터 쏜디의 주선으로 아도르노를 만날 계획이었으나 파리로 급히 돌아와야 하는 바람에 만남은 이루어지지 못했다. 이 사건을 계기로 8월에 그의 유일한 산문이 된 『산 속의 대화

* 조르주 디디 위베르만의 책 『반딧불의 잔존』(김홍기 옮김, 길, 2012)의 관점에 따른 것이다.

(Gespräch im Gebirg)』를 출간했다.

첼란은 파리 고등사범학교(École Normale Supérieure) 독일어 교사가 되었다. 그로부터 약간의 경제적 여유가 생기기도 했지만, 프랑스 사회는 여전히 그를 반기지도 않았으며 알아봐 주지도 않았다. 이 무렵 첼란은 아직 직접 대면한 적은 없지만 후일 노벨문학상을 받게 되는 넬리 작스(Nelly Sachs)와 편지 교환을 통해 가까운 친구가 되었다.

1960년— 4월, 클레르 골이 재차 첼란을 비난하는 공개편지를 작성하면서 첼란은 표절 의혹에 다시 휩싸였다. 몇 년 전 때와 달리, 작은 문예지 『공사장의 가건물(Baubudenpoet)』에 실린 글이 다른 매체로 확산되면서 대대적인 논쟁이 벌어졌다. 독일 언론들이 첼란을 비난하는 움직임들을 세세히 중계하는 바람에 그는 돌이킬 수 없는 상처를 받았다. '몰이해'에 기초한 클레르 골의 문제제기와는 별개로 다른 불명료한 이유들이 작용하면서 비난 캠페인은 끈질기게 지속되었고 대부분의 작가들은 침묵하거나 방관했다. 잉에보르크 바흐만은 "'공동의 현존'을 위해, 다양하고 관대하며 분산적인 언술행위를 위해, 최고의 작가가 개별적으로 정립한 개념에 의문을 제기할 권리가 첼란에게 있다"고 주장했다. 다른 오스트리아와 독일 작가들이 나섰지만 그들의 목소리는 소수였다. "그것은 나와 내 시를 파괴하려는 시도였다." 그는 분노했다. 비단 표절시비 뿐만 아니라 자신의 시 문학과 시적 사유 자체가 제대로 이해받지 못함으로써 육신 역시 소진되어갔다.

이러한 소동과는 무관하게, 첼란은 독일 문학계에서 가장 영예로운 상 중 하나인 다름슈타트(Darmstadt) 학술원이 선정하는 게오르크 뷔히너상(Georg Büchner-preis)을 수상했다. 「자오선

(Der Meridian)」이란 제목의 수상연설에서 첼란은 자신의 시 문학이 받아온 광범위한 오해들에 대한 일종의 '반격'["대항의 말 (Gegenwort)"]을 시도했다. 멈칫거림과 더듬거림, 불연속적인 말의 전개가 기묘한 강렬함을 자아내는 이 연설은, 자크 데리다(Jacques Derrida)의 말을 빌리자면, 그 자체가 시이며, 동시에 묵직한 논문이었다.* 이 연설에서 그는, "낙원으로 도피 중"이며 "시계와 달력을 모조리" 깨부수거나 금지시키는 예술을 비판하면서 "시는 '날짜(日子)'를 기억하는 행위이며 거기에 주목하고 그것을 기억하는 집중"이라고 했다. "주목이란 영혼의 자연스러운 기도이다." 발터 벤야민의 카프카 에세이에 나오는 말브랑슈(Nicolas De Malebranche)의 말을 상기시키는 언명이었다. "한 편 한 편의 시에는 그것의 '정월 스무날'이 적혀 있다"[이른바 유대인 문제 '최종 해결'의 날이 1942년 1월 20일이다!]는 그의 말은 자신의 시를 '초현실주의'로 분류해 버리는 몰지각에 대한 통렬한 비판이었다. 그에 따르면, 시란 바로 그 되풀이할 수 없는 시간이 만들어낸 '존재의 경사각' 아래서 말하고 있는 사람들의 '현존의 기획(Daseinsentwurf)'이며, 또한 그러한 너(타자)를 향한 말 걸기이다. 그러나 현실에서 그 말 걸기가 절망적이라는 것을 그는 누구보다 잘 알았다. 그의 시는 이후 갈수록 "구문의 더 급속한 경사면이나 생략의 더 깨어 있는 의미"를 추구하게 되고, 거의 실어(失語)에 가까워졌다.

1963년— 시집 『아무도 아닌 자의 장미(Die Niemandsrose)』가 출간

---

* 　자크 데리다, 「'쉬볼렛: 파울 첼란을 위하여' 중에서」, 『문학의 행위』, 정승훈·진주영 옮김, 문학과 지성사, 2013. 1984년 10월 14일 미국 시애틀의 워싱턴 대학교에서 열린 파울 첼란의 작품에 관한 국제 컨퍼런스에서 자크 데리다는 첼란의 뷔히너상 수상연설문 「자오선」에 관한 주목할 만한 발표를 한다.

되었다. 만일 첼란이 개인적인 타격으로 고통을 겪어야 하는 시간이 아니었더라면 네오파시즘과 반유대주의의 부활이 그토록 가혹하게 그의 신경을 건드리지는 않았을지도 모른다. 그는 부쿠레슈티에 있는 오랜 멘토(Alfred Margul-Sperber)에게 편지를 보내면서 히틀러주의의 재등장에 대한 격분과 함께 이런 말을 남겼다. "저는 종종 내 고향에서 책들과 함께 남았더라면 더 좋지 않았을까 하는 궁금함이 생길 때가 있습니다." 그는 최근 1-2년 사이 깊은 괴로움 속에서 스스로 완전히 망가진 자가 되었다고 생각했다. 그는 스스로를 "누구나 쉽게 알아볼 수 있는 유대인의 형상을 한, 뿌리 없는 광야의 이리"라고 표현했다. 그래서 그는 멘토에게 "간청하건대, 부디 나의 원고를 이 황금빛 서구의 누구에게도 건네지 말아주십시오"라고 부탁했을 것이다. 『아무도 아닌 자의 장미』에 실린 「사기꾼과 건달의 노래, 사다라로 변두리 체르노비츠 출신의 파울 첼란이 퐁투아즈 변두리 파리에서 부름(Eine Gauner- und Ganovenweise gesungen zu Paris Emprès Pontoise von Paul Celan aus Czernowitz bei Sadagora)」이란 제목의 시는 이 무렵 그의 자화상이었다. 그는 절망 속에서 「찬미가(Psalm)」를 부른다. 신일지도 모르는 '아무도 아닌 자'에게, "우리는 아무도 아닌 자 / 였고, 이고, 으로 머물러 / 있을 것입니다. 꽃 피며 / 아무도 아닌 자의— 그 / 아무도 아닌 자의 장미로"라고. 그는 전후 황금기를 구가하는 서유럽에서 거의 소진되어갔다. 그의 눈은 '동쪽'으로, 전혀 다른 미래로 옮겨 갔다. 그는 루마니아의 페트로 솔로몬에게 자신과 아내가 프랑스에서 왜 친구가 거의 없는지에 설명하면서 다음과 같이 덧붙였다. "파시스트의 암종이 얼마나 깊고 빠져들기 쉬운지 잊으면 안 돼. 나는 여기서 다시 루마니아어로 쓰기 시작했고 말을 찾고 있어. …… 그럼에도 불구하고 나의 것인 독일어, 내게 고통스럽게 남은 독일어 …… 나는, 나의 자오선과 함께, 정확히 그곳, 내가 시작한 곳, 즉 부코비나에 있어. 나의 오랜 코뮤니스트의 영혼과 함께." 젊은 시절의 사회주의와 특별한 러시아어 친화력을 지닌 이 절망적인 노스탤지어로 인하여 그는 사람들과의 어울림으로부터 더욱 고립되어갔다. 1960년에서 1962년 사이에 쓰여진 『아무도 아닌 자의 장미』의 많은 시들은 이전에는 드물게 나타났을 뿐인 유대인다운 특징이 두드러진다. 오로지 그것만이 시집을 이루고 있다는 것은 결코 아니지만, 그의 시 작품의 이전과 이후를 구분되게 하는 것만큼은 분명했다. 만델스탐과의 대화 형식을 따르는 마지막에서 두 번째 시(「그리고 타루사에서 온 책을 가지고(Und mit dem Buch aus Tarussa)」의 서두에 나오는 묘비명 "Syuh paetty Zhidy"—"모든 시인은 유대인이다"로 번역된다—는 마리나 츠베타예바(Marina Tsvetaeva)에게서 가져온 것이다. 츠베타예바는 바로 앞에서 "모든 세상 중에서 가장 기독교적인 이 세상에서"라고 썼고, 그러고 나서 아이러니하게 욕설에 속하는 'Zhidy'를 사용했기 때문에, 첼란의 이 문장은 사실상 "모든 시인은 '유대놈'이다"를 의미했다. 스스로를 '유대놈'으로 표명하는 아이러니와 고통이 읽혀지는 대목이다.

1964년— 노르트라인-베스트팔렌(Nordrhein-Westfalen) 주가 수여하는 문예대상을 수상했다.

1967년— 시집 『숨결돌림(Atemwende)』이 출간되었다. 그의 시는 점점 극심한 생략이 잦아지고, 분절되면서 침묵에 가까운 것이 되어갔다. 그것은 시집에 실린 시의 제목처럼, '결'이 온통 다 드러나도록 닦아내고 닦아내는, '아무것도 남지 않는' '나머지가 없는 나머지'로 남는 과정이었는지 모른다. "자신의 체험인양 여기는 것의

/ 현란한 다변(多辯)—백 개의 / 혀를 가진 내 / 시, 아무것도 아닌"
것이 될 때까지 언어를 소진시키는 과정이기도 했다. 그 동안 첼란
은 수차례 정신병원을 드나들었다. 한 번은 착란상태에서 아내를
칼로 살해하려 하기도 했다. 1967년 두 사람은 별거하기로 결정했
지만, 계속해서 부부로 남았다. "나 당신을 알아, 그대 깊숙이 몸 굽
힌 여인, / 나, 온통 뚫린 자, 나는 그대의 휘하에, / 우리 둘을 위하
여 증언해 줄 / 한마디 말씀은 어디서 불타고 있는가? / 그대—온전
히, 온전히 현실이고, 나—온전한 광기(狂氣)"……

　　1967년 여름, 마르틴 하이데거(Martin Heidegger)가 주최하는 프
라이부르크 대학의 시 낭송회에 첼란은 독문학자 게르하르트 바우
만(Gerhart Baumann)의 초청으로 참석하게 되었다. 성황을 이룬
낭송회에서 첼란의 시를 경청한 하이데거는 그를 개인적으로 산장
에 초대하기도 했다. 그곳에서 두 사람은 하늘의 별을 바라보며 함
께 주변 늪을 산책했지만 첼란은 나치즘에 대한 하이데거의 침묵을
잊지 못했다. 그는 방명록에 "오두막 책에, 우물의 별을 바라보며,
오는 말[마음에서 우러나오는 말]에 대한 희망을 마음에 품고(Ins
Hüttenbuch, mit dem Blick auf den Brunnenstern, mit einer Hoffnung
auf ein kommendes Wort im Herzen)"라고 적었다. 그날의 만남은
나중 유고시집 『빛의 강박』에 「토트나우베르크」(Todtnauberg; 하이
데거의 산장이 있던 곳이다)란 제목의 시에 반영되어 있다. (수용
소에서 살아남은 유대인 시인 첼란과 나치 옹호로 비판받던 하이데
거. 이 두 사람이 책과 시를 통해 어떤 생각들을 주고받았을지는 흥
미로운 주제이기도 하다.)

1968년— 시집 『실낱태양(Fadensonnen)』이 출간되었다.

1969년— 10월, 처음이자 마지막으로 첼란은 예루살렘으로 여행을 떠났다. 그는 그곳에서 다시 게르숌 숄렘(Gershom Scholem)을 만났다.* 신비하고 메시아적인 사고의 전통을 연 숄렘의 연구는 첼란의 가장 비관적인 순간에 그에게 풍요로운 자원을 제공해 주었다. 독일어로 글을 쓰면서 유대정신을 견지해 온 숄렘과 마르틴 부버를 그는 '진정한' 유대인으로 존중해 왔는데, 특히 독일-유대인의 '공생(Symbiose)'을 이야기하는 부버보다 이에 비판적인 숄렘을 더 신뢰했다.** 첼란 역시 전쟁 이전에는 "나의 독일성과 유대성은 서로를 해치지 않고 매우 유익하다"고 했던 사회주의자 구스타프 란다우어(Gustav Landauer)의 말을 소중하게 생각했지만, 란다우어 스스로 고백했듯이, 그것은 나치즘의 무자비함을 간과하고 전후 독일의 재생에 대한 근거 없는 낙관에 기초한 철없고 비극적인 실수였음을 깨닫게 되었다. 그는 시 낭송회에서 부코비나 출신의 옛 친구(생존자)들과 예후다 아미차이(Jehuda Amichai)와 다비드 로케아(David Rokeah) 같은 이스라엘 시인들과도 만났다. 첼란과 고향이 같았던 소꿉친구 일라나 슈무엘리(Ilana Shmueli)와의 재회도 있었다. 두 사람은 그간에도 많은 편지를 주고받았던 사이였다. 시뮤엘리의 회상록(「예루살렘이 존재한다고 말해다오(Sag, dass Jerusalem ist)」)이나 첼란의 유고시집 『시간의 뜨락(Zeitgehöft)』의 시들이 그러한 교류가 있었음을 보여준다.

오래된 도시 예루살렘의 벽과 문들을 지나 야드 바솀(Yad Vashem)을 방문하여 그 자리에서 우호적인 청중들 앞에서 시 「생

---

* 첼란은 볼락과 함께 파리에서 숄렘을 1-2차례 만난 적이 있다.(J. Bollack, Poetik der Fremdheit, 132쪽)

** 첼란은 부버를 단 한 번밖에 만나지 못했다. 부버가 1960년 회의(Konferenz; 소

각해 보라」(이 책의 한 장에서 소개되고 있는 시이다)를 낭송하기도 했다. 그는 이스라엘 문인협회에서 행한 짧은 연설에서 '유대인의 고독'을 언급했다. 예루살렘은 그곳에서 자라는 생명 있는 것들을 통해 찾아오는 사람들을 새로이 갱신할 수 있을 것이라고도 했다. 그는 파리로 돌아온 2주 후에 자신을 초대했던 누군가에게 보낸 편지에서 "나는 이스라엘로 돌아갈 준비가 되어 있다"고 썼지만, 그러나 그는 다시 돌아가지 않았다. 이러한 자료들은 첼란이 유대교와 이스라엘을 어떻게 생각했는가라는 까다로운 논쟁에서 증거자료로 사용되지만, 그가 비판적인 거리를 고민하지 않은 채 자신을 그것들과 일치시켰다는 증거는 어디에도 없다. 오히려 반대의 증거들이 사실에 가깝다고 할 수 있다. 예루살렘을 찾기 전, 체르노비츠 출신으로 포로생활을 했던 화가 아비그도르 아리카(Avigdor Arikha)가 팔레스타인에서의 전투가 시작되었던 무렵 시온주의 사단에 입대하고 난 뒤 첼란에게도 입대를 종용했을 때 첼란의 대답은 짧고도 분명한 것이었다. "내 고향은 부코비나야." 이것이 단 한 번도 '이집트'에서 벗어난 적이 없었을 뿐 아니라 스스로 이 모순된 상황을 지탱하려 했던 첼란의 유대정신이었다. 일라나 슈무엘리는 자신의 회고록에서 예루살렘에서 보낸 시간 동안의 첼란에 대해 다음과 같이 기록했다. "이곳에도 소속될 수 없다는 걸 그는 알고 있었다. 그로 인해 이루 말할 수 없는 고통을 받았고, 거의 도망치다시피 했다."

1970년— 첼란은 슈투트가르트(Stuttgart)에서 열린 휠덜린

렌에서 박해받는 유대인들을 돕는 조직) 차 파리에 왔을 때 볼락과 함께 만났다.(볼락의 같은 책, 132쪽 이하)

(Friedrich Hölderlin) 문학발표회에서 시 낭송회를 가졌다. '시인 중의 시인'으로 불렸으나 반평생을 정신착란으로 유폐되어 살다 생을 마감한 횔덜린. 첼란의 마지막 발걸음은 특별한 여운을 남기는 것이었다.(첼란 시에 있어서 횔덜린의 영향은 그 자체로 커다란 비평적 주제이다.)

첼란은 유월절 기간인 4월 20일(추정), 센느(Seine) 강에 몸을 던졌다.[그의 시신은 5월 1일 센느 강을 따라 파리에서 10km 떨어진 꾸흐브부와(Courbevoie)에서 발견되었다. 그리고 5월 12일 파리 남동쪽 발드마른(Val-de-Marne) 주의 티에(Thiais)에 있는 공동묘지에 묻혔다.] 어린 시절의 이름, '페자흐(유월절) 안첼'. 그는 그 시원(始原)으로 회귀하려 했던 것일까? 이날은 그와 친했던 넬리 작스가 사망한 날이기도 했다.

첼란이 49세의 나이로 자살하자, 그의 상실은 유대인 재앙의 시간을 뚫고 나아가고자 했던 그의 목소리를 소중히 여겼던 유럽의 지성과 유대인들에게 깊은 상처로 남았다. 그는 깊은 밤을 가로질러 낯선 곳으로부터 와서 그가 남긴 시 속에 고스란히 어둠으로 남았고, 그와 더불어 그의 끝없이 이어졌던 고통도 끝이 났다. "내 삶은 끝났다. 그가 강물에 뛰어들었기 때문이다. 그는 내 삶이었다. 나는 그를 내 목숨보다 사랑했다." 잉에보로크 바흐만의 말이다.

그가 죽고, 그해 유고시집 『빛의 강박(Lichtzwang)』이 간행되었다.

1971년— 유고시집 『눈(雪)파트(Schneepart)』가 간행되었다. 첼란의 가장 뛰어난 번역자였던 페터 쏜디도 그가 죽은 뒤 1년 뒤 자살을 선택했다.

1975년— 주어캄프 출판사에서 2권의 첼란의 시 전집이 간행되었다.

1976년— 유고시집 『시간의 뜨락(Zeitgehöft)』이 간행되었다.

1983년— 본(Bonn) 대학의 알레만(Beda Allemann) 교수팀의 노력으로 번역작품을 포함한 5권의 전집이 주어캄프 출판사에서 간행되었다. 첼란의 번역은 7개국 작품으로 셰익스피어 소네트에서부터 프랑스 상징주의자들, 발레리, 아폴리네르(Guillaume Apollinaire)를 거쳐 오시프 만델스탐 등 20세기 전반의 러시아 대작가들, 영국의 모더니즘, 프랑스의 동시대 시인들, 이탈리아의 운가레티(Giuseppe Ungaretti)에 이르기까지 서구 작품과 히브리어 작품 등 광범위한 것이었다.

1988년— 이해부터 문학작품의 번역을 장려하기 위해, 독일문학기금(Deutsche Literaturfonds)은 뛰어난 문학번역가에게 '파울첼란상'을 수여하고 있다.

* 파울 첼란의 삶의 여정을 다룬 전기로는 다음 2권의 책이 충실하다. 그 가운데 이스라엘 칼펜의 책은 첼란의 친척들, 친구들과 지인들의 기억을 바탕으로 재구성된 첼란의 유년기와 청년기(부코비나의 체르노비츠 시절)를 상세히 전해주는 책이다.

—John Felstiner: Paul Celan. Poet, Survivor, Jew. Yale Nota Bene, New Haven and London, 2001.

—John Felstiner: Paul Celan. Eine Biographie. C.H. Beck, München, 2000.(독일어 번역)

—Israel Chalfen: Paul Celan. Eine Biographie seiner Jugend. Suhrkamp, Frankfurt a.M. 1983.

—Israle Chalfen: A Biography of his Youth. Persea Books, 1991.(영어 번역)

작품 연보

다음의 작품 목록을 보면 쉽게 알 수 있지만, 파울 첼란은 길지 않은 삶을 사는 동안 시만 썼다고 해도 과언이 아니다. 1948년 오스트리아 빈의 젝슬(A. Sexl) 출판사에서 나온 첫 시집 『유골항아리의 모래』는 오자가 많은 이유로 회수하였다. 그 후 첼란의 시집은 독일 출판사에서 출간되었는데, 1967년 『숨결돌림』 이후 첼란의 시집이 모두 주어캄프(Suhrkamp) 출판사에서 나온 사정에 대한 설명이 필요할 것 같다. 첼란은 자신의 시가 출판되는 맥락을 매우 중요시했다. 맥락이 단절된 채 특정 구절만 인용되는 것에 반대했는데, 피셔 출판사가 자신이 엄격히 규정해 놓은 조건을 존중해 주지 않았기 때문에(특히 '골-사건' 이후 클레어 골이 번역한 이반 골의 시와 자신의 시가 같은 시 선집에 놓은 것을 계기로) 그는 이 출판사와 결별하게 되었던 것이다. 그의 사후 주어캄프 출판사에서 발간된 전집과 '비평본'도 목록 하단에 포함시켰다. 전집은 5권짜리 많이 읽히는데, 거기에는 '유고시'들이 포함되어 있지 않아 7권짜리 전집 7권을 참고로 명기해 두었다. 비평본은 각 시의 생성과정과 수정단계들을 정리해 놓은 자료이다. 첼란 시 작품을 포함하여 그에 대한 연구서들이 한국어로 속히 번역되기를 바란다.

—편집부

시집

1948년— 『유골항아리의 모래(Der Sand aus den Urnen)』, A. Sexl, Wien(All rights reserved by Suhrkamp Verlag, Frankfurt am Main)

1952년— 『양귀비와 기억(Mohn und Gedächtnis)』, Deutsche Verlags-Anstalt GmbH, Stuttgart

1955년— 『문턱에서 문턱으로(Von Schwelle zu Schwelle)』, Deutsche Verlags-Anstalt GmbH, Stuttgart

1959년— 『언어창살(Sprachgitter)』, S. Fischer Verlag, Frankfurt am Main

1960년— 『아무도 아닌 자의 장미(Niemandsrose)』, Fischer Verlag, Frankfurtam Main

1967년— 『숨결돌림(Atemwende)』, Suhrkamp Verlag, Frankfurt am Main

1968년— 『실낱태양(Fadensonnen)』, Suhrkamp Verlag, Frankfurt am Main

1970년— 『빛의 강박(Lichtzwang)』(유고), Suhrkamp Verlag, Frankfurt am Main

1971년— 『눈(雪)파트(Schneepart)』(유고), Suhrkamp Verlag, Frankfurt am Main

1976년— 『시간의 뜨락(Zeitgehöft)』(유고), Suhrkamp Verlag, Frankfurt am Main

산문 및 수상연설

1958년— 브레멘 문학상 수상 연설(Ansprache anlässlich der Entgegennahme des Literaturpreises der Freien Hansestadt Bremen),

1959년— 단편 「산 속의 대화(Gespräch im Gebirg)」, Die Neue Rundschau, 71, No. 2(1960),

1960년— 뷔히너상 수상 연설 「자오선(Der Meridian)」(Rede anlässlich der Verleihung des Georg-Büchner-Preises),

전집

1986년— Gesammelte Werke in fünf Bänden, hrsg. von Beda Allemann und Stefan Reichert unter Mitwirkung von Rolf Bücher, Suhrkamp Verlag, Frankfurt am Main.[1-2권(생전에 출간되거나 출간 준비한 8개의 시집), 3권(산문과 수상연설 및 기타 시집의 시들과 미간행 시들), 4-5권(번역)]

1997년— Gesammelte Werke in sieben Bänden, hrsg. von Bertrand Badiou, Jean-Claude Rimbach und Barbara Weidemann, Suhrkamp Verlag, Frankfurt am Main.[6권(초기 시들), 7권(유고시들)이 추가되어 있음.]

비평본

비평본('튀빙엔 판본')은 『양귀비와 기억』에서 『눈파트』까지, 그리고 연설문 「자오선」을 포함하여 1996년부터 2004년까지 총 9권이 출간되었다.

2004년— 『튀빙엔 판본 전집(Werke. Tübinger Ausgabe)』, hrsg. v. Jürgen Wertheimer, Suhrkamp Verlag, Frankfurt am Main
[『언어창살(Sprachgitter)』 (1996) / 『아무도 아닌 자의 장미(Niemandsrose)』 (1996) / 『자오선(Der Meridian)』 (1999) / 『숨결돌림(Atemwende)』 (2000) / 『실낱태양들(Fadensonnen)』 (2000) / 『빛의 강박(Lichtzwang)』 (2001) / 『눈 파트(Schneepart)』 (2002) / 『문턱에서 문턱으로(Von Schwelle zu Schwelle)』 (2002) / 『양귀비와 기억(Mohn und Gedächtnis)』 (2004)]

옮긴이 윤정민

서울에서 태어났고, 유년시절을 독일에서 지냈다. 이화여자대학교 정치외교학과 및 독어독문학과를 졸업하고, 서울대학교 독어독문학과에서 석사학위를 받고 박사 과정을 수료하였다. 쾰른 대학교와 본 대학에서 수학하고, 프랑크푸르트 괴테 하우스가 기획하고 학생들이 수업을 통해 준비한 괴테 육필원고 전시 〈Unboxing Goethe〉를 위하여 괴테의 『서·동 시집』과 관련된 유고 시 한 편을 소개했다. 독일 시 문학에 대한 사랑과 관심을 줄곧 가져왔으며, '파울 첼란의 시에 나타난 대화성'을 주제로 석사논문을 썼다.

에디투스의 인문 교양 플랜 1—주제들(THEMEN)

무지와 등을 맞댄 낙관이 출렁이는 시대는 위태롭다. 지(知)의 저수지는 바닥이 드러났는데, 지식과 정보가 넘쳐나는 풍경은 기이하기조차 하다. '주제들' 시리즈는 이 사유의 불모에 놓이는 지혜의 묘판(苗板)이고자 한다. 책은 작고 얇지만, 여기에 담긴 인문적 사유의 가치는 결코 만만치 않은 것들이다. '석학들의 작은 강연'이라 부를 수도 있는 이 텍스트들이 던지는 주제가 무엇이든, 그것이 모순된 시대를 응시하는 시선을 깊고 풍부하게 할 것임을 의심하지 않는다.

1. 장 볼락, 『파울 첼란 / 유대화된 독일인들 사이에서』, 윤정민 옮김

2. 게르하르트 노이만, 『실패한 시작과 열린 결말 / 프란츠 카프카의 시적 인류학』, 신동화 옮김

3. 데이비드 E. 웰버리, 『현대문학에서 쇼펜하우어가 남긴 것』, 이지연 옮김

4. 세스 베나르데테, 『소크라테스와 플라톤의 사랑의 변증법』, 문규민 옮김

5. 폴 A. 캔터, 『양심을 지닌 아킬레스 / 맥베스와 스코틀랜드의 복음화』, 권오숙 옮김

6. 호르스트 브레데캄프, 『재현과 형식 / 르네상스의 이미지 마법』, 이정민 옮김

7. 데이비드 E. 웰베리, 『괴테의 파우스트 1 / 비극적 형식의 반영』, 이강진 옮김

'주제들' 시리즈는 계속 출간됩니다.

주제들 1

**파울 첼란 /
유대화된 독일인들 사이에서**

제1판 1쇄 2017년 8월 1일

지은이 / 장 볼락
옮긴이 / 윤정민
펴낸이 / 연주희

펴낸곳 / 에디투스
인쇄 및 제본 / (주)상지사 P&B

ISBN 979-11-960073-2-4
      979-11-960073-1-7 (세트)

값 14,000원

에디투스

출판등록 / 2015년 6월 23일
(제2015-000055호)

04071 서울 마포구
성지길 36, 3층

전화 / 070-8777-4065
팩스 / 0303-3445-4065
이메일 / editus@editus.co.kr
홈페이지 / www.editus.co.kr

이 도서의 국립중앙도서관 출판예정도서목록(CIP)은 서지정보유통지원시스템
홈페이지(seoji.nl.go.kr)와 국가자료공동목록시스템(www.nl.go.kr/kolisnet)에서
이용하실 수 있습니다. CIP제어번호: CIP 2017017057